www.tredition.de

CW00337691

Ernst und Manuel Büsser

Familiensache

Nachfolge leicht gemacht!

www.tredition.de

© 2020 Ernst und Manuel Büsser

Verlag und Druck: tredition GmbH, Halenreie 40-44, 22359 Hamburg

ISBN
Paperback: 978-3-347-09702-5
Hardcover: 978-3-347-09703-2
e-Book: 978-3-347-09704-9

VORWORT

Wie so vieles in meinem Leben ist auch dieses Buch dem Zufall zu verdanken. Mein Sohn hat mich dafür begeistert und über Umwege sind wir mit Franziska K. Müller (privatbiografie.ch) in Kontakt getreten. Sie hat uns motiviert, zu schreiben, und vor allem gelehrt, wie man schreibt. Entstanden ist die authentische Geschichte von Manuel (34) und Ernst Büsser (66): Vater und Sohn berichten unabhängig voneinander über die Übergabe und die Übernahme eines KMU-Betriebes. Entstanden ist ein "Werk", das es in dieser Form noch nie gegeben hat. Gleichzeitig teilen wir auf den folgenden Seiten unseren Schatz an Wissen mit Menschen, die den Schritt in die Selbständigkeit planen.

Jede Nachfolge/Übernahme hat ihre eigene Geschichte. Den Weg ins Glück, der für mich mit einem selbstbestimmten Leben zusammenhängt, muss jeder selber finden. Mir half sicher, dass ich als Unternehmer aufgeblüht bin; diese Tätigkeit verlieh mir Flügel.

Auch in der heutigen Zeit haben Werte von früher ihre Berechtigung und aus diesem Grund werde ich sie auch meinen Kindern und Enkelkindern vermitteln. Dankbarkeit zu empfinden und ausdrücken zu können, gehört dazu. Darum nutze ich hier die Gelegenheit, um mich bei allen zu bedanken, die mich auf meinem Weg begleitet haben und noch immer begleiten. Bei meinen Grosseltern und Eltern, bei meiner Frau, meinen Kindern, Enkelkindern und meiner Schwiegertochter. Sie alle haben mich viel gelehrt, sie alle brachten und bringen Freude und Zufriedenheit in mein Leben.

Und immer wieder erlebe ich "temporäre Symbiosen", wie ich es nenne. So entstand auch dieses Buch in Zusammenarbeit mit Franziska K. Müller. Ein Buch, das auch mit einer neuen Erkenntnis verbunden ist: Einiges habe ich richtig gemacht. Vieles wurde mir geschenkt.

Ernst Büsser, Oktober 2019

INHALT

Ernst Büsser (66) erlernte den Beruf des Werkzeugmachers in den 1970er-Jahren und gründete im Jahr 1984 die Büsser Werkzeug & Formenbau. Sein anfängliches Einzelunternehmen startete er ohne Kredite und Hochschulabschluss, dafür mit viel Ehrgeiz, Kreativität und Überzeugungen. Erfolgreich baute er das Unternehmen aus und führte es über dreissig Jahre lang, dann setzte er um, was ihm ein Bedürfnis war: loslassen und das Zepter der jüngeren Generation übergeben. Die frühzeitige Planung als Schlüssel zum Erfolg empfiehlt er heute auch anderen KMUlern: „Damit noch genügend Energie vorhanden ist, um das Leben zu geniessen." Ernst Büsser ist verheiratet, Vater von zwei erwachsenen Kindern und lebt in Schmerikon (SG). ernesto.b@gmx.ch

Manuel Büsser (34) erlernte den Beruf des Polymechanikers zu Beginn des neuen Jahrtausends. Feilen und Handarbeit – das war gestern. Heute ersetzen computergesteuerte Maschinen und Programmiersysteme die Handarbeit, das Berufsbild des Werkzeugmachers hat sich verändert. Als Vertreter einer jungen Generation brachte Manuel die besten Voraussetzungen mit, um einen Betrieb, den er von Kindesbeinen an kannte, zu übernehmen. „Anfänglich prallten allerdings nicht nur zwei Welten, sondern zwei Galaxien aufeinander", erinnert er sich. Nach fünf intensiven Jahren, die er heute als "Lernprozess" bezeichnet, ist er nun stolzer Besitzer der

Büsser Formenbau AG. Der Jung-Unternehmer will nicht nur erhalten, was sein Vater aufgebaut hat, sondern das bestehende Netzwerk erweitern und neue Wege gehen. Manuel Büsser ist verheiratet, Vater von zwei Söhnen und lebt mit seiner Familie in Schmerikon (SG). info@ebformen.ch

SONNTAGSKIND UND SPORTKANONE

Von Ernst Büsser

„Bereits als Kind erlebte ich, wie eine funktionierende Gemeinschaft zum Wohl des Einzelnen beitragen kann. In der Gruppe zu bestehen, bedeutet natürlich auch, dass man seine Kräfte misst, diese einzuschätzen lernt und verbessert. Andererseits: Wenn wir eine Völkerball-Mannschaft zusammenstellten, wurden die Schwächsten zuletzt gewählt. So war es einfach und es zeigte mir früh, dass ich nicht zu den Schwächsten gehören wollte. Gleichzeitig sah ich bei vielen anderen Gelegenheiten, dass man als Team viel erreichen kann, wenn man Menschen als Individuen erkennt und sie aufgrund ihrer Talente richtig gefördert werden. Der Wunsch, ein guter Teamplaner zu sein, begleitete mich im späteren Leben privat und beruflich.

Ich wuchs als zweites von vier Kindern in ländlicher Gegend, im toggenburgischen Ebnat Kappel, auf. Die Dorfbeiz, der Schützenverein und der Turnverein waren wichtig und natürlich – die Kirche. Der Vater war Angestellter, die Mutter Hausfrau. Um die Stube im Winter warm zu halten, scheiteten wir Kinder im Sommer Holz und trugen es in das obere Stockwerk. Die Toilette war ein Plumpsklo und befand sich ausserhalb der Wohnung. Vom Komfort der heutigen Zeit war natürlich keine Rede und gleichzeitig wuchs ich in einer Zeit auf, in der die Technik unglaubliche Fortschritte machte. Im Grossen wie im Kleinen: Kassettengeräte, Telefonapparate, Waschmaschinen, Satelliten. Der Gedanke, dass solche Errungenschaften ebenfalls einer Gemeinschaft zu verdanken sind, weil unzählige Menschen
an ihrer Entstehung beteiligt waren, begeisterte mich bereits als Kind.

Wir Nachbarskinder waren eine bunte Truppe, Mädchen ge-
hörten selbstverständlich auch dazu. Wenn einer ein Fahrrad besass, fuhren alle damit durch die Gegend. Wir teilten,
was wir hatten, und schauten gemeinsam beim Nachbarn –
der als Einziger im Besitz eines Fernsehgerätes war – Kin-
dersendungen wie "Lassie" und "Fury". Wichtiger als materielle Güter, von denen es in meiner Kindheit keine gab, erscheint mir im Nachhinein die Freiheit, die wir genossen.
Weder mangelnde Fürsorge noch mangelndes Vertrauen
waren die Gründe, warum wir meistens machen konnten,
was wir wollten. Die Eltern hatten schlicht keine Zeit. Wohlstand war ein Fremdwort, selber machen war selbstverständlich, Geld war eh keines vorhanden. Wir konnten tun
und lassen, was wir wollten, Hauptsache, wir fielen nicht un-
angenehm auf, waren höflich, anständig und rechtzeitig mit
gewaschenen Händen am Esstisch. Meine Mutter kochte immer, gegessen wurde gemeinsam und nachdem wir gebetet
hatten. Auch ohne materielle Güter waren wir sehr glücklich,
und unsere kindliche Fantasie war gefordert. Aus dem
Nichts entstanden fantastische Abenteuer und tolle Spielsa-
chen, die wir selbst bastelten. Winnetou und Old Shatter-
hand waren unsere Vorbilder. Pfeil und Bogen, eine Stein-
schleuder, ein Floss – im Sommer stauten wir Bäche im
Wald, im Winter bauten wir Schneehütten.

In meiner Kindheit wurde mir viel geschenkt – Freiheit, gute
Freunde und eine intakte Familie. Als ich im Jugendalter be-
scheidene materielle Wünsche hatte, war für mich aber klar,
dass ich dafür arbeiten musste. Ich hatte Freude an der Arbeit und fand stets Beschäftigungen, mit denen ich mir ein
bescheidenes Taschengeld verdienen konnte: Ich putzte
Fahrräder, leerte auf der Post das Schliessfach der Kiosk-

Frau und als Zeiger und Warner verdiente ich beim Sport-
schützenverein sogar ein kleines Vermögen: Zwei Franken
pro Stunde.

Ein Töffli verbot mir mein Vater, was ich damals nicht verstand, doch heute bin ich ihm dankbar dafür, denn ich lernte
früh: Auch mit Muskelkraft und Fantasie erreicht man viele
Ziele. Irgendwann wollte ich ein eigenes Fahrrad haben und
ab der sechsten Klasse verbrachte ich einen Teil der Schulfe-
rien in der örtlichen Fabrik. Nach zwei Jahren war das nötige
Geld zusammengespart: über 300 Franken. Ich hatte nie das
Gefühl, für etwas kämpfen zu müssen, vieles flog mir einfach
zu. Allerdings – das wusste ich ganz genau – bekam man
auch nicht einfach alles geschenkt oder auf dem Silbertablett
serviert. Andere Einsichten hatte ich ebenfalls früh: Lebens-
freude ist unabdingbar, wenn man etwas erreichen will, Talent allein ist nutzlos, wenn man es nicht erkennt und richtig
einsetzt.

Mit meinen Ersparnissen kaufte ich einen Halbrenner der
Marke Amberg, mit glänzenden Stahlfelgen und 5-Gang-
Schaltung. Ein Traum ging in Erfüllung. Bald darauf planten
ein Schulkamerad und ich eine zweiwöchige "Tour de
Suisse", auf die wir uns seriös vorbereiteten. Mit Zelt, Schlaf-
sack und Kochutensilien bepackt fuhren wir los, über Julier,
Bernina, Veltlin, Lugano, Centovalli, Simplon, Brig und von
Reckingen über Grimsel, Brünig in einem Tag zurück nach
Ebnat-Kappel.

Ich war ein Wildfang, ein Draufgänger und – wie sich bereits
früh herausstellte – eine absolute Sportkanone. Fussball
existierte bei uns nicht, man traf sich in der Jugendriege, in
der Pfadi oder im Skiklub. Keiner flitzte schneller die Pisten
hinunter als ich, vieles brachte ich mir selbst bei und anderes

lernten wir auch in der Gemeinschaft von den älteren Freunden. Optisch war ich kein Kraftprotz, sondern von drahtiger Statur, schnell und wendig. Mein Talent wurde erkannt und gefördert, ich begann eine "Karriere" als Kunstturner. Diese Sportart verbindet Technik und Eleganz. Salto, Sprünge und die Geräte, vieles gelang mir auf Anhieb, bei Wettkämpfen war ich immer unter den Besten. An einem kantonalen Turnier bestieg ich sogar das Siegertreppchen. Anerkennung und Erfolg: Beides trieb mich rückblickend zu sportlichen Höchstleistungen an.

Meine Mutter erwähnte oft, dass Sonntagskinder wie ich im Leben mit Glück gesegnet seien und zum Glück von anderen Menschen beitragen. Die Eltern waren religiös und konservativ, der wöchentliche Gang in die Kirche war Pflicht. Die zehn Gebote standen bei uns über allem und der liebe Gott wurde als strafende Instanz dargestellt. Kleinste Missetaten machten schnell die Runde und wie damals üblich, wurden kindliche Verfehlungen immer den Eltern angelastet. Ich sagte, was ich dachte, und sorgte mit diesem Verhalten für viel Ärger. Die Erziehungsmethoden jener Jahre waren ruppig, auch im Klassenzimmer und im Religionsunterricht. Viele mussten wir zu Hause verheimlichen, da solche Episoden – bei denen ich immer als Schuldiger dastand – weitere Sanktionen nach sich ziehen konnten.

Im Grossen und Ganzen verhielt ich mich anständig und korrekt, doch ein winziger Grund, eine Bemerkung oder eine eigene Meinung konnten Bestrafungen zur Folge haben. In der Zwischenzeit war ich ein Teenager geworden und weigerte mich, weiterhin die Kirche zu besuchen, was für zusätzlichen Ärger mit meinem Vater sorgte. Ich blieb unbeschwert und optimistisch, denn vieles wurde mir in die

Wiege gelegt. Über die Zukunft machte ich mir keine Gedanken, die glückliche Kindheit hatte mich positiv geprägt und mein Selbstvertrauen war grenzenlos. Mit meinen Eltern pflegte ich bis zu deren Tod eine sehr gute Beziehung. Und ja: Man muss im Leben verzeihen können und dankbar sein, weil alles andere der Zufriedenheit im Weg steht.

Als es nach der dritten Sekundarschule um meine berufliche Zukunft ging, suchte ich in der Gemeinde eine passende Lehrstelle. Im Werkunterricht in der Schule gehörte ich zu den Besten, vor allem feinmotorisch war ich besonders begabt. Diese Tatsache war entscheidend für meine Berufswahl: Werkzeugmacher. Ich fand eine Lehrstelle im Ort, nur einen Kilometer von zu Hause entfernt. Dass ich ab Lehrstellenantritt finanziell eigenverantwortlich agierte, war selbstverständlich. Mit meinem knappen Budget leistete ich mir trotzdem einen roten Nylon-Lumber und gleichzeitig liess ich mir die Haare wachsen. Mein Vater war wütend, respektierte jedoch meinen Willen. Mein Lehrmeister war begeistert von meinen Fähigkeiten; er förderte mich entsprechend und erzählte nur Gutes über mich. Die Beziehung zu meinen Eltern veränderte sich darum zunehmend positiv, auch die guten Noten in der Gewerbeschule trugen dazu bei. Die Feinarbeit an den Stahlformen, das Feilen, Fräsen, Schleifen und Drehen galt als Disziplin für die Talentiertesten. Ich entwickelte mich zu einem Perfektionisten, konnte mich komplett in diese sehr präzisen Vorgänge vertiefen und war dabei überglücklich.

In der Zwischenzeit profitierten auch meine Eltern vom damaligen Wirtschaftsboom. Wir zogen in ein älteres Einfamilienhaus und hatten zum ersten Mal in unserem Leben eine Dusche mit Warmwasserboiler zur Verfügung, eine Küche mit Kühlschrank sowie eine Waschmaschine. Ich war zu diesem Zeitpunkt bereits ein Jugendlicher und investierte meine Ersparnisse in eine erste Reise ans Meer. Als der "Summer of Love" von sich reden machte, war ich sechzehn Jahre alt. Von der freien Liebe, vom Anti-Vietnam-Engagement, den Frauenrechten und anderen Forderungen der 68er-Bewegung bekamen wir auf dem Land nicht viel mit. Allerdings – ich weiss nicht mehr, aus welchem Grund wir uns für dieses Reiseziel entschieden hatten – trampte ich mit einem Kollegen per Autostopp nach Amsterdam und zurück. Wir hatten fast kein Geld und übernachteten im Vondel-Park.

Dort wimmelte es von Hippies, die musizierend und Joints drehend in den Tag hineinlebten. Nach drei Wochen *Faulenzertum* und antikapitalistischen Parolen kehrte ich entnervt und schmutzig nach Hause zurück. Ich legte mich in die Badewanne und das Wasser wurde schwarz! Mir wurde bewusst, dass ich im Leben etwas erreichen will. Die sehr bescheidenen Verhältnisse meiner Kindheit hatten mich geprägt und obwohl ich darin so viel Positives erkannte, wollte ich für mich etwas anderes. Ohne konkrete Vorstellungen, jedoch mit Ehrgeiz und Talent ausgestattet, war ich überzeugt, künftige Chancen zu nutzen und das Beste daraus machen. Da ich kein Kind von Traurigkeit war, konnte ich in meinem Leben von vielen glücklichen Zufällen profitieren.

Mit dem zweitbesten Lehrabschluss des ganzen Kantons in der Tasche startete ich 1974 ins Berufsleben. Bei der legendären Firma "LEGO", trat ich meine erste Stelle als Werkzeugmacher an. Millionenfach gespritzte Kunststoffteile bedingen hochpräzise Spritzgussformen. Noch heute werden LEGO-Figuren im Spritzgussverfahren hergestellt. Natürlich ahnte ich noch nichts von dem extremen Wandel, den die Digitalisierung ermöglichen würde. Das hätte an meiner Berufswahl auch nichts geändert. Heute ersetzen computergesteuerte Maschinen und Programmiersysteme die Handarbeit; das Berufsbild hat sich komplett verändert und aus dem Werkzeugmacher wurde der Polymechaniker. Freude am Programmieren ist ein Muss, denn was früher allein durch kundige Hände entstand, wird nun automatisiert hergestellt. "Polymechaniker" ist ein sehr vielseitiger Beruf geblieben. Das gute Vorstellungsvermögen ist weiterhin eine Voraussetzung, zudem führt ein Polymechaniker Aufträge aus und begleitet Projekte, entwickelt Konstruktionslösungen und erstellt technische Dokumente. Der Bau von Prototypen gehört zu seinem erweiterten Aufgabenbereich, ebenso die Inbetriebnahme und das Überwachen von Produktionsprozessen.

Berufsbegleitend absolvierte ich mit Mitte Zwanzig eine Zusatzausbildung als Maschinentechniker und war nun imstande, anspruchsvolle Berechnungen zu machen und Pläne zu zeichnen. Die Welt stand mir offen; ich wollte so viel Berufserfahrung wie möglich machen und arbeitete vier Jahre als freier Mitarbeiter mit einem Formenbauer zusammen. Dabei entdeckte ich den Unternehmer in mir. Meine Fähigkeit, mit anderen Menschen leicht in Kontakt zu treten, und der Umstand, dass potenzielle Kunden positiv auf mich reagierten, verliehen mir Flügel. Getragen vom *Flow* – dem völligen Aufgehen in meiner Tätigkeit – entschloss ich mich, ein eigenes Unternehmen zu gründen.

Nicht nur die Selbstständigkeit, sondern auch die Liebe prägten das Jahr 1984. Nachdem ich als Spätzünder die Welt der Frauen entdeckt hatte – wobei mich nicht nur die weibliche Schönheit begeisterte, sondern auch, wie Frauen dachten und handelten – ist diese Faszination bis heute erhalten geblieben. Obwohl ich nicht gerade dem emanzipiertesten Haus der Welt entstamme, wusste ich immer, dass Frauen alles erreichen können, und habe sie immer als gleichberechtigte Partner angesehen. Ich war ein Sonnyboy, der das Leben liebte. Meine Traumfrau kannte ich schon länger – nur hatte ich dies noch nicht realisiert. Im Glauben, dass es tausend Optionen gab, verpasste ich beinahe die eine grosse Chance auf mein Glück. Heidi wohnte im Nachbardorf. Schlank und bildhübsch, genauso klug wie ich und auch ein positiver Mensch. Wir verliebten uns heftig und lebten in wilder Ehe vier Jahre lang unter einem Dach zusammen. Ich war jetzt dreissig Jahre alt und wusste längst, dass Heidi und ich die gleichen Wünsche für die Zukunft hegten, dieselben Ziele verfolgten und doch geschah der Heiratsantrag spontan. Am grossen Tag trug die Braut ein weisses Kleid mit Hochzeitshut und Schleier und ich trat in Schlips und Anzug vor den Traualtar. Ein einfaches Fest, Freunde, Verwandte, Musik, gutes Essen und Spiele machten unsere Hochzeit für alle zu einem unvergesslichen Erlebnis.

Als Mann und Frau zügelten wir in unsere neue Wohnung im Kanton St. Gallen, denn in Rapperswil legte ich den Grundstein für mein Business. Die heutige Büsser Formenbau AG war damals ein klassisches Einzel-Unternehmen. Ich startete mit vielen Überzeugungen, Ehrgeiz und ohne BWL-Studium. Einfach und unkompliziert, verfügte ich über ähnliche Voraussetzungen wie die meisten anderen, die in jenen Jahren eine KMU gründeten. Gut geführte KMU-Betriebe sind heute die Stützen der Schweizer Wirtschaft. Der Handschlag verbindet, Überzeugungen und Ehrgeiz sind entscheidender als wohlklingende Titel und Fantasie ist wichtiger als theoretisches Wissen. Heute versuche ich, Menschen zu motivieren, diesen Schritt ebenfalls zu vollziehen.

Der Wille, reich zu werden, stand bei meiner Tätigkeit nie im Vordergrund. Ein möglichst selbstbestimmtes Leben zu führen war mir viel wichtiger und – die Freude an den täglichen Herausforderungen. Zum Beispiel, dass man für Fehler Verantwortung übernehmen muss, aber auch selbst Entscheidungen fällen kann. Aber auch: den Umgang mit Geld zu lernen. Dies erwies sich als beste Voraussetzung, um auch in erfolgreichen Zeiten nicht abzuheben. Einnahmen und Ausgaben kontrollieren ist Chefsache – an diesem Prinzip hielt ich während meiner gesamten Laufbahn eisern fest. Die Meinung meiner Frau war mir wichtig, sie war in vieles involviert, private und familiäre Fragen diskutierten wir stets gemeinsam. Die Ehe mit Heidi war und ist die beste Entscheidung meines Lebens. Toleranz und eine gute Gesprächskultur sind in einer Beziehung ebenso wichtig wie Lob und Anerkennung, auch positive Kritik gehört dazu. Wichtig scheint mir, dass sich Menschen verändern dürfen, und schön ist es natürlich, wenn der Partner die Entwicklung der Persönlichkeit unterstützt.

Doch zurück zu den bescheidenen Anfängen: Ich startete meine Selbständigkeit in einem ehemaligen "Sauerkrautkeller". Die schiefen Böden liefen in der Mitte keilartig zusammen. Niemand wusste, wohin die Reise führte und vor allem, wann sie beendet war. Mein damaliges Geschäftsmodell aus heutiger Sicht: digitalisiertes Handwerk. Die Post ging ab! Die Investitionen kosteten mich zwar ein Vermögen und mehrere schlaflose Nächte. Scheitern war kein Thema, denn ich war von meinen Fähigkeiten überzeugt. Die Produktionsprozesse wurden effizienter, die Reproduzierbarkeit mit den neuen Technologien vereinfacht, man konnte Teile herstellen, die früher unmöglich gewesen waren. Ich wurde gefordert: Um zu lernen, wie die Investition bedient wird, musste ich einen wöchentlichen Kurs belegen. Ich erledigte Aufträge, die andere Anbieter nicht übernehmen wollten und manchmal auch nicht konnten.

Nach zweieinhalb Jahren hatte ich die Raten bereits abbezahlt, worauf ich weitere Neuanschaffungen tätigte. Es waren freche, mutige und innovative Entscheidungen, die ich traf. Wachsen wollte ich unter keinen Umständen, doch die Wirtschaft boomte so rasant, dass ich bisweilen Notlügen für Liefertermine erfinden musste – im Wissen, dass ich diese nie einhalten konnte. Das widersprach mir. Als KMULer wollte ich seriös, ehrlich und absolut zuverlässig auftreten, alles andere hätte meinem Ruf geschadet.
So kam es, wie es kommen musste: Ich stellte einen Mitarbeiter ein.
Eine andere Erfindung – die heute hoffnungslos veraltet ist – erblickte Mitte der 1980er-Jahre ebenfalls das Licht der Welt: Faxgeräte. Für mich handelte es sich um eine kleine Revolution, denn fortan konnten Pläne und Offerten in Sekundenschnelle übermittelt und auch empfangen werden.

Bald kündigte sich unser erstes Kind an. Manuel erblickte 1985 das Licht der Welt und unser Leben veränderte sich grundlegend. Meine Frau und ich hatten schon vor der Geburt unseres Sohnes die Rollenteilungen genau definiert. Wir waren uns einig, dass ich ein präsenter Vater sein sollte, über Mittag und am Abend war ich immer anwesend. Ich scheute mich vor keinen Aufgaben, wickelte das Baby, gab ihm den *Schoppen,* spielte mit ihm. Am Abend sang ich meinem Sohn Lieder vor, erzählte ihm Geschichten und kehrte, wenn er schlief, in die Firma zurück. Ich arbeitete sehr viel und erinnere mich auch daran, wie Manuel neben mir im

Kinderwagen lag und ich die Maschinen bediente. Er begleitete mich später oft in die Firma, spielte und zeichnete in einer Ecke und bekam unbewusst vermutlich viel über meine
Arbeit mit.

Mit der Geburt von Vanessa im Jahr 1988 war unser Glück
perfekt. Heidi war für die Erziehung der Kinder zuständig.
Wir waren uns einig, welche Prinzipien wir verfolgen würden. Die individuellen Charakterzüge der Kinder respektier-
ten wir; sie konnten sich frei entwickeln und wurden von uns
gefördert. Das Wichtigste war: Sie wurden in ihren Bedürfnissen ernst genommen, umsorgt und geliebt. Das bedeutete
nicht, dass wir ihnen alles durchgehen liessen. Ich konnte
auf den Tisch klopfen und den beiden Rackern den Tarif erklären. Nicht alles muss mit den Kindern ausdiskutiert werden, manchmal müssen sie auch Entscheidungen akzeptieren, die sie nicht verstehen oder die ihnen nicht passen.

Unsere Kinder wollten wir nicht zu sehr verwöhnen und
ihnen die unbequemen Folgen ihrer Handlungen nicht immer abnehmen – diese Falle versuchten wir zu umgehen. Die
Frustrationstoleranz ist ein wichtiger Punkt. Zu erkennen,
wenn es einem Kind zu viel wird, und ihm gleichzeitig vermitteln, dass es in anderen Fällen durchhalten muss, um
Ziele zu erreichen. Erst kürzlich brachte ich meinem zwei-
einhalbjährigen Enkel das Radfahren bei. Beim ersten Ver-
such fiel er samt Gefährt um, er weinte und wollte augen-
blicklich aufgeben. Ich nahm ihn zur Seite und redete mit
ihm. Heute sitzt er auf dem Velo, fällt kaum mehr um und ist
stolz, wenn er längere Wegstrecken fahrend bewältigt.

Um auf Manuel zurückzukommen, der heute mein Nachfolger in der Firma ist: Die fünfjährige Übergabephase forderte
uns beide heraus. Wir erlebten Höhen und Tiefen, jeder für

sich durchlief eine persönliche Entwicklung. Wir mussten lernen, uns auszutauschen, Kritik zu vermitteln und einzustecken. Dass der komplexe Prozess gelang, ist verschiedenen Faktoren zu verdanken – vor allem aber dem gegenseitigen Vertrauen. Auch Zeit und Raum sind wichtig, um gemeinsam zu wachsen. Vieles wurde in den Jahren der Kindheit gefestigt, in denen Manuel und ich eine tiefe und gute Beziehung aufbauen konnten. Das Gleiche gilt übrigens für unsere Tochter, die als Nachfolgerin auch in Frage gekommen wäre, aber andere berufliche Pläne verfolgen wollte.

Viele Erfahrungen sammelte ich im Verlauf meiner Karriere nach dem Prinzip "learning by doing". Gleichzeitig feilte ich an meiner Empathie, mein geschäftliches Gegenüber zu durchschauen und zu hinterfragen. Nicht immer war ich sicher, welche Entscheidungen zu treffen waren. Anstelle einem Rotary-Klub beizutreten, kontaktierte ich meine Kollegen und Freunde – viele stammten noch aus der Schulzeit. Sie waren und sind wertvolle Ansprechpartner, die mit beiden Beinen auf dem Boden stehen. Dieses Netzwerk pflege ich weiterhin, wir treffen uns regelmässig zu einem lockeren Austausch. Die Sicht der Dinge meiner Freunde ist mir immer noch wichtig, vor allem, wenn sie Kritik üben.

Fehler blieben dennoch nicht aus, ich versuchte zu lernen und zu verstehen, wie es so schön heisst. Einmal leaste ich eine Occasion-Maschine, für die ich monatlich fast dreitausend Franken hinblättern musste. Die Auftragsbücher waren gefüllt, als mir mitgeteilt wurde, die Maschine sei nun verkauft worden und werde in einer Woche abgeholt. Mich traf beinahe der Schlag, denn die Neuanschaffung eines Pendants war damals mit Lieferfristen von mehreren Monaten verbunden. Solche Erfahrungen, die im dümmsten Fall sogar die Existenz gefährden können, prägten mich und logisch lernte ich schnell dazu: Ab sofort liess ich Verträge doppelt prüfen und verzichtete grundsätzlich darauf, Maschinen zu leasen. Auch auf der Kundenseite gibt es Erinnerungen, die mir noch heute die Haare zu Berge stehen lassen. Einmal fuhr einer mit dem Rolls Royce vor und war sichtlich angetrunken. Sein Ziel: über den Termin und den Preis zu lästern. Ich blieb meinen Prinzipien treu und trennte mich von ihm. Existenzängste zu überwinden, erfordert Mut – doch nur so wird man als etwas Besonderes wahrgenommen.

Bald bauten wir ein großartiges Haus und erlebten unvergessliche Stunden mit den Kindern. Meine Abenteuerlust lebte ich nebenbei aus, Tauchen, Bungee-Jumping, Fallschirmspringen. Ich machte viele Erfahrungen, die ich nicht missen möchte. Über die Stränge schlug ich selten. Aus heutiger Sicht haben mich diese Erlebnisse positiv geprägt, weil ich auch erkannte, wo meine Grenzen lagen.

Heidi und ich besprachen alle Anschaffungen miteinander und waren uns darin einig, dass Glück nicht von Statussymbolen abhängig war. Zufriedenheit kann mit viel Geld nicht gekauft werden. Meine Erfüllung fand ich in der Familie und im Beruf und gleichzeitig bestätigte sich ein Gedanke, der in der Zwischenzeit zu meinem Lebensmotto geworden ist: Wer glücklich ist, hat Erfolg!

In der Zwischenzeit war die Belegschaft gewachsen, 1991 zügelten wir mit der Firma von Rapperswil nach Eschenbach. Ich war gefordert, denn ich musste ein Team nach neuesten Grundsätzen führen. In jungen Jahren hatte ich für die Probleme von anderen nicht viel Verständnis, Leadership und

Empathie waren Fremdwörter für mich. Menschen sind zudem verschieden, das zu respektieren ist ein wichtiger Aspekt, um die täglichen Herausforderungen gemeinsam zu bewältigen. Zudem: Qualifiziertes Personal findet sich nicht am Strassenrand. Die Suche nach geeigneten Mitarbeitern war nicht immer einfach; aus diesem Grund entschlossen wir uns, Polymechaniker-Lehrlinge auszubilden, und ich absolvierte einen Lehrmeister-Kurs.

Die Digitalisierung führte dazu, dass viele Prozesse immer komplexer wurden, die Veränderungen waren in jeder Hinsicht – technisch und auch was neue Führungskonzepte anbelangte – anspruchsvoll. Die Ansprüche der Kunden stiegen. Die Globalisierung wurde Tatsache, der Druck, es allen recht machen zu müssen, wuchs. Ich wurde unzufriedener, demotivierter und war oft erschöpft. Nach Konsultation meines Hausarztes war mir klar: So konnte es nicht weitergehen. Ich besprach alles mit meiner Frau. Verschiedene Optionen standen zur Auswahl und auch externe Spezialisten fragte ich um Rat. Vom Marroni-Verkäufer bis zum Gewerbelehrer: Nichts empfand ich als unmöglich! Solche Optionen, die an den Verkauf der Firma gebunden gewesen wären, verwarf ich jedoch schnell wieder. Ich kam zur Überzeugung, dass ich meiner Entwicklung selbst im Weg stand, man andere nicht ändern konnte – sich selbst aber schon. Und: Es allen recht zu machen, ist unmöglich.

In den folgenden Monaten legte ich mein Augenmerk darauf, nicht mehr alles zu kontrollieren. Verantwortung und Kompetenzen zu delegieren fiel mir am Anfang schwer, ist aber ein wichtiger Faktor, um persönlich zu wachsen. Bald verfügte ich über mehr Zeit und Energie, um neue Herausforderungen anzugehen, die mir Spass machten. Seit Längerem befand ich mich auf der Suche nach neuen Geschäftsräumlichkeiten. Wir benötigten hohe Hallen, die ebenerdig befahrbar waren, weil die neuen Maschinen mehrere Tonnen wogen. Ebenfalls mussten geschlossene Programmierräume realisiert werden. Wie so oft in meinem Leben erfuhr ich um die Jahrtausendwende zufällig von einem neuen Projekt in Neuhaus (SG).

Der Vorteil war, dass ich die Räumlichkeiten nach eigenen Vorstellungen und Bedürfnissen gestalten konnte. Ich beschäftigte in der Zwischenzeit über zehn Angestellte, darunter auch Lernende. Viele Aufgaben erledigten meine qualifizierten Mitarbeiter, was mir ermöglichte, meine Rolle als Vorgesetzter neu zu definieren. In den folgenden Jahren besuchte ich unzählige Seminare und Weiterbildungen, die neue Erkenntnisse in den Bereichen "Leadership" und "Nachfolge" vermittelten. Ich war fasziniert und erkannte, dass ich mich auch vermehrt mit mir selbst befassen musste.

Dieses Bedürfnis bewog mich, meine Nachfolge frühzeitig zu planen und im Sommer 2017 – ich selbst war am meisten überrascht – beendete ich meine „Karriere" und überschrieb mein Geschäft per 1. Januar 2018 zu 100 % meinem Sohn. Die vielen Schritte, Erfahrungen und Erkenntnisse, die mein Sohn und ich während fünf Jahren gemacht haben, zeigen einmal mehr: In einer harmonischen Gemeinschaft ist alles möglich. Und wenn mich heute einer fragt, wie es mir geht, antworte ich mit voller Überzeugung: „Besser ist nicht mehr möglich."

BAUCHGEFÜHL!

Ernst Büsser: „Zum Zeitpunkt, als ich mit Sicherheit wusste, dass ich die Firma verkaufen oder einem Nachfolger übergeben möchte, lagen bereits Jahre hinter mir, in denen ich mich mit dem Thema "Loslassen" befasst hatte. Ein anderer wichtiger Punkt, um meine Pläne voranzutreiben, war der Umzug in das Techno-Center in Neuhaus, der 2006 stattgefunden hatte. Ich wusste: Mein Nachfolger übernimmt eine motivierte Belegschaft und einen modernsten Maschinenpark, der komplett vernetzt und automatisiert ist. Den Globalisierungsdruck spürten auch wir und wir wurden sehr gefordert. Wir investierten viel, ohne zu wissen, wohin die Reise führte, und wir trafen mutige Entscheidungen, die aus heutiger Sicht richtig waren. An diesem Punkt scheitern manche KMU-Besitzer: Sie investieren nicht mehr, vernachlässigen das Tagesgeschäft und beschäftigen nur noch wenige Mitarbeiter. Maschinen und Mobiliar sind veraltet und später wird gejammert, dass der Junior nicht übernehmen will oder sich kein Käufer findet.

Doch der Reihe nach: 2012 befand sich mein damals 27-jähriger Sohn mehrere Monate auf einer Weltreise. Er hatte den gleichen Beruf gewählt wie ich. Was zu meiner Zeit "Werkzeugmacher" hiess, wird heute "Polymechaniker" genannt. Manuel kannte die "Büsser Formenbau AG" von klein auf und hatte bereits mehrere Monate bei mir gearbeitet, bevor er zur grossen Reise aufbrach, bei der er auch seine Englischkenntnisse verbessern wollte. Natürlich hatte ich das Thema der Nachfolge gegenüber Manuel bereits angesprochen und wie jeder KMU-Vater hegte ich den Wunsch, die Nachfolge familienintern zu lösen. Manuel war in diesem Alter eher locker und unbeschwert unterwegs; der berufliche Ehrgeiz hatte ihn noch nicht gepackt. Allerdings schlug er die Möglichkeit, eines Tages in meine Fusstapfen zu treten, auch nicht kategorisch aus.

Als es in seiner Abwesenheit um die Entscheidung ging, eine grosse Investition zu tätigen, band ich ihn ein und gab ihm so eine erste Möglichkeit, sich innerhalb der Firma zu engagieren. Wir hatten regen Mailverkehr, seine Reaktionen liessen aber auf sich warten und wirkten eher desinteressiert. Sie lauteten zwischen den Zeilen etwa so: „Ich liege am Strand mit einem Cocktail in der Hand – lass mich bloss in Ruhe!"

Bereits vor der Weltreise war abgemacht worden, dass er in die Firma einsteigen würde. Klare Ziele hatten wir nicht und Manuel war nach der Rückkehr weiterhin im Ferienmodus, nahm alles *cool* und *easy*. Zuerst war ich sprachlos, mit der Zeit erhöhte ich den Druck und gab ihm zu verstehen, dass es so nicht weiterging. Ich biss auf Granit: Er hatte weiterhin die Kollegen, Partymachen und das leichte Leben im Kopf.

Die ersten Schritte auf unserem gemeinsamen Weg forderten mich sehr: Ich erkannte, dass ich Manuel nicht einfach meine Gedanken und Pläne aufzwingen konnte, sondern mich in meinen Sohn hineinversetzen musste. Stichwort Empathie: Druck wegnehmen und klarmachen, dass für alle Mitarbeiter die gleichen Regeln gelten.
Diese Aussage war wichtig, um zu zeigen, dass ich Manuel nicht aus purem Egoismus in eine Rolle drängen wollte, die ihn mittelfristig unter Umständen nicht glücklich machen würde. Geduld gehört nicht zu meinen Stärken, doch sie ist innerhalb einer Übergabe/Übernahme ein wichtiger Faktor, der genauso wie die Flexibilität von Anfang an berücksichtigt

werden muss. Ebenfalls lernten wir zu akzeptieren, dass nicht alle Antworten sofort gefunden werden konnten.

Andere, mir wichtige Ansprüche formulierte ich schriftlich: Essentiell war für mich, mein Lebenswerk an einen Nachfolger zu übergeben, der den absoluten Willen und auch die nötigen Voraussetzungen für diese Aufgabe mitbringt; ein Unternehmer, der die Firma in die Zukunft führt und dafür sorgt, dass die Arbeitsplätze erhalten bleiben. Den Betrieb um jeden Preis dem Sohn übergeben, weil es vordergründig die einfachste Lösung ist – das wollte ich auf keinen Fall. In diesem Sinn wollte ich nicht nur Manuels Zusage, sondern auch verbindlich wissen, ob er die nötige Reife habe, um meine Firma zu übernehmen und erfolgreich zu führen. Fachlich war mein Sohn, der von sich aus verschiedene Weiterbildungen gemacht hat, sicher qualifiziert und fähig. Andere Voraussetzungen konnten wir hingegen beide nicht einschätzen.

In einem aufwendigen *Assessment* wurde Manuel darum von Experten durchleuchtet. Nebst den Schwachstellen wurden auch die Stärken, vor allem jene mit Potential nach oben, klar formuliert. Eine komplexe und aussagekräftige Analyse entstand. Die Grundaussage, er verfüge über die nötigen Voraussetzungen, um einen Industrie-betrieb erfolgreich in die Zukunft zu führen, war Motivation und Begeisterung für uns beide.

Meiner Meinung nach ist es wichtig, dass der Juniorchef seine Fähigkeiten richtig einschätzt und vor allem – nicht überschätzt. Manuel wusste, dass ich viel fordern würde und er sich nicht einfach in das gemachte Nest setzen konnte. Das war auch in seinem Interesse und einen Sonderstatus wollte er nie. Im Gegenteil, alles von Grund auf lernen, selbst gestalten und Verantwortung übernehmen – doch bis es soweit war, mussten wir beide viel Neues lernen. Die guten und intensiven Gespräche mit meinem Sohn schweissten uns in den folgenden Jahren zusammen. Damit Manuel wachsen konnte, gab ich immer mehr Kompetenzen ab und trat langsam kürzer. Im Nachhinein gesehen war das für beide Seiten eine zusätzliche Motivation.

Schöne Worte und gute Absichten reichen nicht, um einen solchen Prozess durchzuziehen. Die Bereitschaft, das bisher Erreichte kritisch zu hinterfragen, erhöht die Offenheit Neuem gegenüber. Veränderungen tun manchmal weh; ein Lernprozess, der viel Zeit benötigt und an der Substanz zehrt, ist anstrengend. Verantwortung abgeben und einsehen, dass andere fähiger sind und vieles besser machen, war für mich eine persönliche Herausforderung.

Erfolgreiche Unternehmer vergangener Zeiten ruhen sich gern auf den Lorbeeren aus, halten sich an Bewährtes und bremsen mit dieser Einstellung den Wissensdurst und die Begeisterung der Jungen.
Was ich rückblickend nicht einschätzen konnte, war die Komplexität einer geglückten Nachfolgeregelung und wie viel *Goodwill* und vor allem Einsatz von beiden Seiten gefordert wird. Heute bin ich der Überzeugung, dass KMU-Patrons sich nicht erst im höheren Alter mit der Nachfolgeregelung auseinandersetzen, sondern rechtzeitig planen sollten."

Manuel Büsser: „Als es um die Berufswahl ging, war ich ein wenig unschlüssig, entschied mich dann aber für den Beruf "Polymechaniker". Ich machte die Lehre bei einem Kollegen meines Vaters und lernte alles – vom Wischen der Werkzeughalle bis zur Anfertigung hochpräziser Formen – von der Pike auf. Heute ist der Polymechaniker mehr ein Informatiker als ein Handwerker. PC und Software-Kenntnisse sind ebenso wichtig wie manuelle Fähigkeiten. Dieser Trend hat sich seit meiner Lehrzeit nochmals verstärkt und beim Programmieren sind mir die jüngeren Mitarbeiter heute bereits überlegen.

Ich blieb nach der Ausbildung vier weitere Jahre im Lehrbetrieb, denn ich wollte meine Jugend geniessen und viel erleben. An den Ernst des Lebens dachte ich in diesem Alter noch nicht. Nach einer Amerikareise arbeitete ich bei einem neuen Arbeitgeber. Der Wandel in unserer Branche war für meinen Vater eine Herausforderung, ich bemerkte, wie er sich schwertat. Nach intensiven Gesprächen beschlossen wir, dass ich in den Familienbetrieb wechsle. Als Angestellter lernte ich die Firma – aber auch meinen Vater – natürlich anders kennen als bei meinen Besuchen als Kind und Jugendlicher.

Zu Hause als Privatmann ist mein Vater freundlich, fürsorglich und locker. Im Geschäft kamen noch andere Eigenschaften zutage: Er war ein Patron wie aus dem Bilderbuch, pflegte einen selbstsicherer Auftritt. Er war vertrauenswürdig, auf sein Wort war Verlass. Mitarbeiter und Kunden lobten ihn als ehrlichen und fairen Unternehmer. Allerdings handelte er auch impulsiv und kritisierte rücksichtslos. Von den schönen Grundsätzen, die er später zur Führung von Mitarbeitern und zur viel gepriesenen Fehlerkultur formulierte, war in meinen Anfängen noch nicht die Rede.

Ich spürte – das war eher ein Gefühl, er hat es nie so formuliert – dass er mich jetzt brauchte. Gleichzeitig ahnte ich: Wenn ich die Nachfolge anträte, käme ich so schnell nicht wieder weg. Darum nahm ich mir – mit dem Segen meines Vaters – eine halbjährige Auszeit und ging auf eine Weltreise. Wir blieben per E-Mail in Kontakt; während meine Kollegen in Sydney im Internetcafe chatteten, wurde ich mit komplexen Fragen überhäuft.

Nach meiner Rückkehr erschien ich am ersten Arbeitstag in *Badeschlappen*. In den folgenden Monaten prallten nicht nur zwei Welten, sondern zwei fremde Galaxien aufeinander. Doch mein Vater wusste – und so war ich auch erzogen worden – dass ich das, was ich beginne, auch zu Ende führe. Sicher wollte er immer nur das Beste für mich. Obwohl ich einige Entscheidungen hinterfragte, vertraute ich ihm. Er war eine gestandene Persönlichkeit, hatte die Firma aufgebaut. Ich war jung, neugierig und unerfahren. In dieser Kombination lag am Anfang grosses Konfliktpotential.

Mit meinem Einritt in die Firma wurde ich mir meiner Position – die des Chefs von morgen – langsam bewusst. Als potenzieller Nachfolger stand ich ab sofort unter der ständigen Beobachtung der Mitarbeiter, der Kunden und vor allem: meines alten Herrn! Ich machte ein umfassendes Leadership-Assessment. Die Auswertung stärkte mein Selbstvertrauen. Sie war sozusagen die Bestätigung meiner Fähigkeiten, um die Büsser Formenbau AG erfolgreich führen zu können. Aber nicht nur meine Stärken, auch die Schwachstellen wurden aufgelistet. Rückblickend betrachtet erwies sich diese ehrliche Einschätzung als Ausgangslage, die für mich und meinen Vater wegweisend war."

VERTRAUEN!

Ernst Büsser: „Als klar wurde, dass Manuel einsteigen möchte, absolvierte er berufsbegleitend eine betriebswirtschaftliche Weiterbildung. Für den Erfolg eines Unternehmers ist der Besuch diverser Kaderschmieden nicht entscheidend und mit der Tätigkeit eines CEOs hat der KMU-Chef – Gott sei Dank – nicht viel Gemeinsames. Trotzdem fand ich sein Studium sehr gut: Weil Manuel am Feierabend jetzt beschäftigt war und das Partyleben in den Hintergrund rückte.

Der Anfang unserer Zusammenarbeit verlief – es liegt beinahe auf der Hand – harzig. Streit hatten wir nie. Diese Energie sollte anderweitig besser eingesetzt werden, zum Beispiel in eine gute Gesprächskultur oder in Diskussionen, die beide weiterbringen. Doch manchmal war ich ratlos und verstand Manuels Vorgehen und sein Verhalten nicht. Wenn es besonders anspruchsvoll wurde, nahm ich einen Brief hervor, den er mir als 23-Jähriger geschrieben hatte. Wie sehr er mich liebte und bewunderte, vor allem aber auch die Forderung: „Glaube an mich!! Das tat ich und trotzdem kritisierte ich ihn bei vielen Gelegenheiten. Ich habe ihm alles vermittelt, was wichtig war, vor allem, wie mit schwierigen Situationen umzugehen ist: *Mea Culpa,* die Schuld nicht bei anderen suchen und Kritik als Motivation sehen, um sich zu verbessern und zu wachsen.

Ein grosser Vorteil war das gegenseitige Vertrauen. Dieses Vertrauen, das innerhalb einer guten Beziehung zwischen Eltern und Kindern besteht, spricht meiner Meinung nach für die Übergabe eines KMUs an eine Tochter oder einen Sohn. Wir wussten zwar, auf welchen Menschen wir uns einlassen, als wir beschlossen, dieses Experiment zu wagen.

32

Dennoch agiert man nun nicht mehr nur als Vater und Sohn, sondern als Seniorchef und möglicher Nachfolger. Unterschiedliche Meinungen und Sichtweisen prägten die Anfangszeit, in der wir uns eben auch als Junior und Senior neu kennenlernen mussten.

Die grösste Herausforderung war sicher, den anderen in seinen Fähigkeiten, in seiner Persönlichkeit, in seinen Denkweisen zu respektieren. Natürlich habe ich Manuel erzogen und geformt, doch er hat – genau wie ich – einen eigenen Charakter und aufgrund seiner Jugend vertrat er in vielen Bereichen auch völlig andere Ansichten als ich.

Gleichzeitig hatte ich sehr hohe Ansprüche an ihn, an seine künftige Rolle und seine Entwicklung. Tatsache ist: Unternehmer wird man nicht von einem Tag auf den anderen. Das Selbstvertrauen wächst bei jungen Menschen mit den persönlichen Erfahrungen und der Art und Weise, wie sie gefördert werden. Die Gesprächskultur untereinander erwies sich in diesem Zusammenhang als sehr wichtig. Ich wollte wissen, wie sich Manuel fühlte, was ihn unzufrieden machte oder gar nervte. Am Anfang war unser Austausch spontan und fand nach Bedarf statt, später wurde dies zu einer Tradition. Am Samstagmorgen hatten wir Zeit und Ruhe, um die Zukunft zu gestalten, Stunden der Unendlichkeit, die in ewiger Erinnerung bleiben.

Anfänglich war Manuel allerdings nur mässig begeistert. In diesen Diskussionen ging es nicht nur um Wichtiges, sondern auch um Kleinigkeiten: Wie man seinen Schreibtisch gestalten kann, damit mehr Effizienz möglich ist, und das Telefon nicht zehn Mal läuten lässt, bevor man es gestresst abnimmt.

Dieser Austausch war auch gedacht, um persönlichen Frust und Ärger los zu werden. Konstruktive Verbesserungen waren oft ein Resultat solcher Meetings und irgendwann lernte auch mein Sohn über seine Sicht der Dinge zu reden. Solche Schritte erwiesen sich auf unserem Weg in die Zukunft als ebenso wichtig wie die spätere Ausarbeitung einer neuen Strategie oder das Treffen schwieriger Entscheidungen im Rahmen von Investitionen und vielem anderen.

Um unser Ziel – für mich die Übergabe, für Manuel die Übernahme – zu erreichen, gab es keinen Zeitplan. Auch Verträge und schriftliche Abmachungen existierten bis zur Abschlussphase nicht. Vieles basierte auch in diesem Bereich auf Vertrauen und – wenn man so will – auf dem Prinzip des Handschlags. Das änderte sich, als Manuel 2016 offiziell Geschäftsleiter und danach Firmeninhaber wurde. Diese Schritte bedeuteten Rechte und Pflichten. Vieles regelten wir selbst und nur wenn es unbedingt nötig war, suchten wir den Rat eines Experten.

Nach einer seriösen Unternehmensbewertung einigten wir uns auf den Verkaufspreis. Dass der familiäre Nachfolger den Betrieb nicht einfach geschenkt bekam, war auch im Interesse von Manuel. Sein Anspruch ist es, das Unternehmen erfolgreich in die Zukunft zu führen und Geld zu verdienen. Der Abzahlungsmodus ist nicht in Stein gemeisselt und basiert ebenfalls auf dem gegenseitigen Vertrauen.

Sind die Rückzahlungen hoch und an frühzeitige Termine gebunden, droht einem Jungunternehmer unter Umständen die Verschuldung und er verliert die Liquidität: Das wäre der Anfang von Ende und natürlich eine Katastrophe. Vor allem verringert sich die Motivation, wenn ein 30-Jähriger die Aussicht hat, die nächsten

Jahre nur für die Rückzahlungen an die Eltern zu arbeiten. Bei einer Nachfolgeregelung ist es zudem essentiell wichtig, dass der Junior künftig nicht für die Existenz der Eltern aufkommen muss, sei es in Form einer Rente oder über ein geregeltes Einkommen. Die finanzielle Unabhängigkeit beider Parteien muss bei einer Nachfolgereglung unbedingt gewährleistet sein.

Bei uns ist das der Fall. Ob meine Frau oder ich das Geld jetzt oder später erhalten, spielt keine Rolle. Warum? Weil wir keinen luxuriösen Lebenswandel führen und nie mit Geld spekulierten, sondern über all die Jahre vorsorgten und frühzeitig eine zweite und dritte Säule aufbauten. Vielleicht liegt es in der Natur eines KMUs: Wer mit dem eigenen Geld haftet, bleibt eher mit den Füssen auf dem Boden der Realität und führt trotzdem ein erfülltes Leben. Eben: Wer glücklich ist, hat Erfolg!

Da es sich bei unserer Nachfolgeplanung um einen offenen und rollenden Prozess handelte, kommunizierten wir das laufend an unsere Kunden und Partner. Auch meine Tochter und meine Frau waren stets über alles informiert. Die Kommunikation in der Familie ist zu empfehlen und sinnvoll, weil transparente Verhältnisse dem Unfrieden vorbeugen. Im Geschäftsleben habe ich immer versucht, Probleme ohne Streitigkeiten zu lösen, von Angesicht zu Angesicht. Anwälte musste ich nie beschäftigen, so wollten ich es auch bei der Übergabe handhaben.

Schriftliche Verträge entstanden immer in Zusammenarbeit mit Experten und besprochen wurden sie in der Gemeinschaft. Experten beizuziehen ist wichtig, damit alle Verträge die gesetzlichen Ansprüche erfüllen und niemand eine finanzielle Nachforderung stellt. Solche Papiere, die alle verstehen, sind eine Investition, die finanziell im Moment weh tut, sich jedoch längerfristig lohnt, weil der Schritt zum Anwalt erspart bleibt. In einem feierlichen Akt haben alle Familienmitglieder die Verträge dann unterschrieben."

Manuel Büsser: „Mit zunehmendem Vertrauen mir gegenüber konnte mein Vater Schritt für Schritt loslassen. Viele Erfahrungen und Erkenntnisse lagen zu diesem Zeitpunkt hinter uns. Jahre, in denen wir uns persönlich und menschlich weiterentwickelt und gemeinsam viele Hürden genommen hatten. Danach war er überzeugt, dass ich meine Fähigkeiten als erfolgreicher Unternehmer auch umsetze. Heute blicken wir auf eine rundum geglückte Übergabe/Übernahme.

In den Anfangsjahren musste ich allerdings die Sporen verdienen: Mir war bewusst, dass ich viel zu lernen hatte. Deshalb trat ich auch nicht als Goldjunge auf, der sich in das gemachte Nest setzt und gestandenen Mitarbeitern sagt, wo es langgeht. Das entsprach nicht meinem Charakter und mein Vater hätte es auch nie zugelassen! Er kritisierte meinen Auftritt und vieles mehr. Aus welchen Gründen war mir oft ein Rätsel.

Richtigerweise wollte er auch, dass ich in allen Bereichen der Firma sattelfest wurde, wozu auch die Produktion gehörte. Nie vergessen werde ich den grössten Ausschuss meiner bisherigen Karriere: Zwei Wochen nachdem ich in der Firma angefangen hatte, setzte mich mein Vater an eine neue, komplexe 5-Achs-Fräsmaschine. Ich verursachte prompt einen kostspieligen Fehler. Seine Frage: „Gibt es eigentlich auch einmal eine Woche, in der du keine Fehler machst?", war natürlich das Gegenteil einer Motivationsspritze.

Ab diesem Zeitpunkt ging ich über Mittag nicht mehr zu den Eltern nach Hause und versuchte etwas Abstand in die Beziehung zu meinem Vater zu bringen. Der Umstand, dass wir uns ein Büro teilten und im Geschäft viele Stunden pro Tag miteinander verbrachten, erwies sich als Möglichkeit, sich ständig auszutauschen. Andererseits stand ich auch in diesem Rahmen unter permanenter Beobachtung und vieles, was ich tat, war mit Anregungen verbunden, die ich nicht immer nachvollziehen konnte.

Meine Überzeugung heute: Jeder Mensch benötigt einen Ausgleich zum Arbeitsalltag. Ich trieb oft Sport, beim Training konnte ich mich *auspowern*. Zudem absolvierte ich ein berufsbegleitendes Betriebswirtschaft-Studium. Am Samstagmorgen fanden bald Meetings statt. Mein Vater wollte mich unterstützen, begleiten und seine Meinung zu positiven und negativen Aspekten der Zusammenarbeit äussern. Seine Ermahnung an mich lautete: „Du bist das Vorbild – also verhalte Dich auch so!" Aufgeben war für mich nie ein Thema und im Rahmen der Übernahme/Übergabe entdeckte ich neue und positive Eigenschaften an mir: Willensstärke, Lernfähigkeit und eine hohe Frustrationstoleranz. Als wir uns innerhalb des Geschäftslebens besser kennenlernten und einander einschätzen konnten, gelang es uns beiden, sich in den anderen hineinzuversetzen, und manche Reaktionen wurden verständlicher. Empathie, Vertrauen und der Umgang mit Kritik erwiesen sich für uns beide als Schlüssel für das Glück und das Gelingen der grossen Aufgabe.

Die Gespräche, die ich mit meinem Vater unter vier Augen führte, waren lehrreich. Am Anfang wollte ich allerdings nicht wahrhaben: Zeit, die wir uns nehmen, ist Zeit, die uns etwas gibt! Es dauerte eine Weile, bis ich das begriffen hatte. Meinem Vater bin ich dankbar für vieles, er hat mich in jeder Phase meines Lebens begleitet und motiviert. Vielleicht schaffte ich es aus diesem Grund auch nie, seinem Wunsch nachzukommen, ihn zu kritisieren. Später fand ich auch eine Antwort auf eine Frage, die ich mir oft gestellt hatte:

„Was will er von mir?" Nun wusste ich: Er wollte mich herausfordern und ich reagierte so, wie er es sich gewünscht hatte: indem ich mich zum Unternehmer entwickelte.

Die Sicherheit, dass wir ans Ziel gelangten, hatten wir trotzdem nicht. Es war gut, dass am Anfang keine juristischen oder rechtlichen Abmachungen existierten, alles andere wäre für mich ein Schraubstock gewesen und mit ziemlicher Sicherheit hätte ich mich dann nicht auf dieses Experiment eingelassen. Mein Vater hielt Wort; er blieb nur so lang wie nötig in der Firma. Dass wir in dieser Hinsicht allerdings auch nicht unter Zeitdruck standen, erwies sich ebenfalls als gute Strategie. Verbesserungen wurden in vielen Bereichen Schritt für Schritt und auf meine Bedürfnisse abgestimmt vollzogen.

Im Jahr 2016 wurde ich Geschäftsführer. Ab diesem Zeitpunkt liefen die Entscheidungen über mich und auch die Finanzen lagen in meiner Verantwortung. Von da an war klar, dass ich die Firma in absehbarer Zeit übernehmen werde. Ich wollte nichts geschenkt bekommen, mein Vater und ich regelten das Finanzielle bilateral, womit ich einverstanden war. Um klare Verhältnisse zu schaffen, kommunizierten wir gegenüber meiner Mutter und meiner Schwester immer offen. Heute gehört die Firma zu 100 % mir, rechtlich ist alles unter Dach und Fach: Niemand kann im Nachhinein Ansprüche geltend machen. Einen offiziellen Kaufvertrag zu erstellen, empfehle ich auch anderen Jungunternehmern, die sich in einer ähnlichen Situation befinden."

STRATEGIE!

Ernst Büsser: „In den vergangenen Jahren hat sich im Industriebereich und im Formenbau viel verändert, auch das Berufsbild. Früher waren die Werkzeugmacher Handwerker im *Übergwändli*, heute fasst der Berufsbegriff Polymechaniker verschiedene Disziplinen zusammen. Die Ausgebildeten sind CAD/CAM-Spezialisten, die Programme erstellen, um die komplexen Werkzeugmaschinen auszulasten. Der Wandel in unserer Branche, ausgelöst durch die Digitalisierung, ist fulminant. Immer Schritt zu halten, ist eine Herausforderung und eine Chance für Veränderungen.

Der Markt und die Kunden bestimmen den Takt. Der Wechsel von der Werkstatt ins Büro war für mich bereits vor Jahren mit einer Veränderung der Tätigkeit verbunden. Kunden verlagerten ihre Ansprüche an die Lieferanten, der administrative Aufwand wurde grösser. Individuelle Lösungen für komplexe Kundenprojekte sind heute bereits in der Anfangsphase Normalität. Werkzeugmaschinen programmieren und auslasten ist die Sache von Spezialisten. Gleichzeitig realisierte ich, dass die Jungen in diesem Bereich Voraussetzungen mitbringen, mit denen ich nicht oder nur schwer mithalten konnte.

Als Unternehmer ist es sicher falsch, den nostalgischen Erinnerungen nachzutrauern, denn so kann keine Firma in die Zukunft geführt werden. Manuel und ich haben die „Büsser Formenbau AG" gemeinsam strategisch neu ausgerichtet und dafür viel Zeit investiert. Wir sind ungewohnte, neue Wege gegangen und sind mehr denn je vom Werkplatz Schweiz überzeugt. Fantasie ist aber auch in der digitalen Welt gefragt, will man von den Kunden als etwas Besonderes wahrgenommen werden. Heute sieht es so aus, dass wir vieles richtiggemacht haben, was mich mit Freude und Stolz erfüllt.

Allerdings: Als Manuel bei mir anfing, litten auch wir unter den Konsequenzen der Finanzkrise und Globalisierung. Die rasch fortschreitende Digitalisierung verlangte nach zusätzlichen Investitionen, die unser Budget schwer belasteten. Eine doppelte Herausforderung: Einerseits mussten wir unsere Zusammenarbeit und die vielen Schritte der Nachfolgeregelung vorantreiben, andererseits die Zukunft der Firma planen. Dieser Druck war aber auch Chance und Motivation für Manuel, um "seinen" Betrieb massgeblich mitzugestalten, während ich vom frischen Wind der Jugend profitierte.

Wir schafften Freiräume für die nötigen Veränderungen und leben eine harmonische Gemeinschaft, die heute noch viel Freude macht. Das bestehende Geschäftsmodel haben wir kritisch hinterfragt. Manuel wurde immer mehr zu einem Partner, der seine Kompetenzen nun voll entfalten konnte. Er war zielorientiert und liess sich von Rückschlägen nicht unterkriegen. Die eigene Meinung zu vertreten und durchzusetzen stärkte sein Selbstvertrauen und: Wer eine starke Meinung hat, lässt sich nicht so einfach austricksen.

Zusammen waren wir bald unschlagbar: Wir reagierten schnell und flexibel auf die veränderten Bedingungen und nutzten den Vorteil eines KMU-Betriebes: KMU im Sinne von kreativ, mutig und unternehmerisch. Neue Ideen prüfen, Bestehendes hinterfragen, selbstkritisch sein: Mit Ignaz Furger fanden wir einen kompetenten Strategieexperten, der uns in die Zukunft begleiten konnte. Sein Thesenpapier

„Mitarbeiter sind die besten Strategen" hatte mich beeindruckt. Bereits nach dem ersten Gespräch waren wir von seinen Fähigkeiten überzeugt.

Um die Ziele für die Zukunft festzulegen, führten wir mit ihm und allen Mitarbeitern drei Strategieworkshops durch. Das Ergebnis überraschte alle und hat klar aufgezeigt, dass Lösungen in der Gemeinschaft liegen und ein starkes Handwerk auch in der digitalisierten, globalisierten und automatisierten Welt nie ausstirbt.

Wir leben in einer Wissensgesellschaft, in der Wohlstand nicht über die Masse der Mitarbeiter, sondern über die Kreativität aller Beteiligten entsteht. Mut bringt Freiheit, die es braucht, um neue Wege zu gehen. Visionen, Strategien, Träume und kreative Ideen: Das sind Kräfte und Energien mit Hebelwirkung. Das Wichtige vom Unwichtigen zu unterscheiden ist nötig. Um auf knifflige Fragen die richtigen Antworten zu finden, braucht es eine Prise Querdenkertum und Fantasie. Auch in dieser Phase lernten wir viel – vor allem, wie wichtig in der digitalen Welt die harmonische Gemeinschaft ist und dass Zeit und Geduld der Schlüssel zum Glück sind.

Als Erstes definierten wir unsere Stärken. Unsere Unternehmenskultur sollte das künftige Fundament von Büsser Formenbau AG sein. Bald war klar, wohin die Reise ging, und später formulierten wir die operativen Ziele. Manuel und alle Mitarbeiter waren einverstanden und begeistert, obwohl viel Neues und Unbekanntes bevorstand. Investitionen und Akquisitionen planen stand nun auf dem Tagesprogramm. Manuel war bereit, diesen Part zu übernehmen, begleitet von Ignaz Furger. Ein *Dreamteam*, das ohne mich zur Höchstform auflief und als Erstes die Kommunikation nach aussen verbesserte. Das war auch die Chance für Manuel, sich ein eigenes Netzwerk aufzubauen – über die Landesgrenze hinweg, begleitet von Freunden, ehemaligen Lehrern und Experten.

Die Evaluation der neuen Werkzeugmaschinen führten wir in der Gemeinschaft durch; Manuels Begeisterung wirkte ansteckend und war hilfreich, um die richtigen Entscheidungen zu treffen. Ich lernte in dieser Zeit Schritt für Schritt Verantwortung und Kompetenzen abzugeben, was nur möglich ist, wenn man allen Beteiligten sein Vertrauen schenkt und das auch kommuniziert. Die strategische Neuausrichtung war mutig und erwies sich als richtig. Die Auftragsbücher füllten sich zunehmend."

Manuel Büsser: „Globalisierung, Finanzkrise und Industrie 4.0 prägten meinen Start bei der Büsser Formenbau AG. Was auch dazu führte, dass ich mich schnell mit dem Unternehmen identifizierte, mich engagierte und einiges veränderte. Am Anfang waren es Kleinigkeiten, mit denen ich frischen Wind in die Firma brachte: Jahrelang Gelagertes und Unnützes entsorgte ich zum Beispiel in Eigenregie.

Zu den Mitarbeitern hatte ich einen guten Draht und ich behaupte, dass meinem Vater das Thema „Kommunikation" am Anfang fremd war. Es wurde einfach gemacht, was er sagte. Bei mir lernte er, wie man auch mit schwierigen Kunden diplomatisch umgehen und gute Lösungen finden konnte. Kunden wollen sich heute auch austauschen und nachhaltige Beziehungen aufbauen, in alles involviert sein und das Geschäftliche vermischt sich oft mit dem Privaten. War früher die Fachkompetenz entscheidend für den Erfolg, sind heute die sozialen Fähigkeiten ebenfalls wichtig. Wie bei uns auch, gibt es in einer Nachfolge meistens wegen sozialer Differenzen Konflikte, viel weniger als wegen technischer Herausforderungen! Stünde ich heute vor der Entscheidung, würde ich anstelle einer technischen Weiterbildung eher Kommunikation studieren.

Was ich als chaotisch empfand, gestaltete ich neu; dies geschah vor allem in den Bereichen „Kommunikation" und „Leadership". Gemeinsam erweiterten wir auch unser Netzwerk: Hochschulen, Experten und Lieferanten wurden zu Verbündeten. Neueste Technologien und wertvolles Wissen ermöglichten Aquisitionen, von denen wir zuvor nur geträumt hatten.

In einem weiteren Schritt ging es auch um die Ausarbeitungen neuer Strategien und Zielsetzungen für die Firma. Ich hatte Visionen und Vorstellungen und einiges klang meiner Meinung nach durchaus vielversprechend. Mein Vater gab mir Raum und Möglichkeiten, um diese Fragen abzuklären. Manches, was ich eruierte, klang verheissungsvoll, darunter auch eine neue Bearbeitungstechnik, doch eine bahnbrechende Geschäftsstrategie liess sich daraus nicht ableiten. Zufällig lernten wir einen erfahrenen Strategie-Experte kennen: Ignaz Furger. Seine Begleitung war für mich eine Erleichterung. Er übernahm auch die Rolle des Schiedsrichters. Mit einleuchtenden Argumenten erklärte er mir zudem, dass mit meinen hochfliegenden Ideen und Träumen kaum Geld zu verdienen sei. Vor allem aber zeigte er mir, wie man strategisch denkt.

Dass die Gestaltung der Zukunft in meinen Händen lag, hatte mein Vater klugerweise erkannt. Und langsam reifte bei mir die Einsicht: Schuster, bleib bei Deinen Leisten! Wir sind Werkzeug-und Fomenbauer. In diesem Bereich liegen unsere Kompetenzen seit mehr als dreissig Jahren und der Bedarf an entsprechenden Produkten ist immer noch da. In dieser Phase spürte ich die Akzeptanz meines Vaters, wir begegneten uns nun auf Augenhöhe, er hörte mir zu und vertraute mir. Es war allen klar, dass auch neue Zielvorgaben von mir erreicht werden müssen, wenn mein Vater eines Tages nicht mehr in der Firma tätig sein wird.
Wichtige Entscheidungen musste ich bald alleine fällen. Ignaz Furger und mein Vater begleiteten mich dabei und ich war mir sicher: Falls nötig, ziehen sie die Notbremse rechtzeitig!

Um die strategischen Ziele zu definieren, waren umfangreiche Abklärungen nötig. Wohin die Reise im Rahmen der Digitalisierung führte, war und ist völlig offen. Was mein Vater bereits 1984 startete, führe ich aber mit Überzeugung weiter.

Er motivierte mich auch, anzuwenden, was zu seinem Glück und Erfolg beigetragen hatte: auf das Baugefühl zu hören! Ich habe Menschen gern – das habe ich von meinem Vater geerbt, eine wertvolle Gabe, die im Leben vieles erleichtert. Gelassenheit und Lockerheit musste ich mir hingegen schwer erarbeiten. Der ganze Prozess war eine einmalige Erfahrung und die Freundschaft zu meinem Vater ist heute enger als zuvor: Weil wir es in der Gemeinschaft geschafft haben, unsere Ziele zu erreichen.

KOMMUNIKATION!

Ernst Büsser: „Unsere Denk- und Handelsweise ist geprägt von der Industrie, die keinen Denkmalschutz, dafür globalisierte Grenzen kennt. Wir funktionieren nicht nach den Regeln von Investoren, sondern nach den Regeln des Marktes. Authentisch bleiben und sich trotzdem anpassen ist nicht immer einfach. Ich war Manuels Vorbild und wollte auf keinen Fall einen Doppelgänger aus ihm machen, sondern einen Unternehmer, der seine eigene Identität als Firmeninhaber und Chef findet und lebt. In der freien Marktwirtschaft ist nicht die Anzahl gemeinsam getrunkener Biere entscheidend, sondern die Leistung und der persönliche Auftritt – also nicht lieb und nett, sondern überzeugend und begeisternd auftreten. Natürlich hat das auch mit Selbstbewusstsein und Erfahrung zu tun. Ich ermunterte Manuel auch, mich als Mensch und Unternehmer kritisch zu hinterfragen und sich eine eigene Meinung zu bilden. Ich forderte ihn bewusst heraus und stellte provokative Fragen.

Die konstruktiven Gespräche machten Freude, wir verstanden uns immer besser. Manuel war bald nicht mehr der leichtgläubige Junge, der sich alles gefallen liess. Längst sah ich in ihm den fähigen Nachfolger und wir kommunizierten auf Augenhöhe. Jeder Mensch hat negative Seiten; diese Seiten kennenzulernen und damit umgehen zu können, erleichtert einiges im Leben. In diesem Bereich hatte ich enormen Nachholbedarf. Lange Zeit hatte ich Manuel kritisiert und nicht immer vermitteln können, was ich eigentlich mit meinen vielen Forderungen bezweckte. Ihn verunsichern oder gar blockieren wollte ich niemals und heute würde ich in diesem Bereich vorsichtiger agieren.

Die Veränderung vom charmanten Sonnyboy, den alle mögen, zu einem fairen und verantwortungsbewussten Vorgesetzten war für Manuel sicher die grösste Herausforderung. Bei allen Mitarbeitern wurde er von Anfang an akzeptiert, zuerst eher als Kollege, später dann als Juniorchef. Ich versuchte meinem Sohn klarzumachen, dass Chef-Sein nicht mit allumfassender Nettigkeit zu tun hat, auch nicht mit Allüren oder Macho-Gehabe. Mitarbeiter wünschen einen Vorgesetzten, dem sie vertrauen können, der fähig ist, das Schiff auch durch unruhige Gewässer zu steuern.

Die gemachten Vereinbarungen kommunizierte Manuel bald allein gegenüber Mitarbeitern, Kunden und Lieferanten mit der nötigen Lockerheit und den Jugendbonus nutzend. Er lernte auch in diesem Bereich schnell: Realistische Ansprüche haben und nicht die Welt retten wollen. Eine offene und ehrliche Kommunikation mit Kunden und Mitarbeitern fordert vom Jungunternehmer viel Fingerspitzengefühl. Eine klare und selbstbewusste Position einzunehmen will geübt sein. Die damit verbundenen Erfahrungen muss jeder selbst machen. Auch um aus Fehler zu lernen und sich zu verbessern, denn Fehler kann sich keine KMU auf Dauer leisten.

Mit zunehmender Erfahrung und Verantwortung wuchs Manuel in die Rolle des Unternehmers hinein, was mich in der Meinung bestärkte, dass er die Flughöhe erreicht hat und mein Wissen bald nicht mehr gefragt sein wird. Im Nachhinein kann ich sagen: Vieles haben wir richtiggemacht und eine harmonische Gemeinschaft geschaffen, die Stürme übersteht. Die gewonnenen Einsichten, die uns Schritt für Schritt weiterbrachten, waren das Resultat vieler Erfahrungen, die uns beide positiv verändert haben. Um unsere Nachfolgelösung anzugehen und durchzuführen, waren wir gezwungen, Neues zu lernen. Neues, das uns weiterbrachte, und letztendlich gibt uns der Erfolg recht. Manche Prozesse dauerten länger, aber das ist nicht schlimm, denn Zeit, die wir uns nehmen, ist Zeit, die uns etwas gibt.

Unterstützung und Rat suchte ich in schwierigen Situationen bei Freunden, die mich schon lange kennen. Freunde sind ehrlich, üben Kritik und präsentieren eine andere Sicht, die zum Nachdenken anregt. Es gibt viele Portale über Nachfolgeregelungen im KMU-Bereich mit entsprechenden Beratungen. Es liegt in der Natur der Sache, dass nach theoretischen Grundsätzen vorgegangen wird. Wie ein solcher Prozess letztendlich abläuft, hängt von den Protagonisten ab. Jede Nachfolge verläuft individuell und vieles lässt sich nicht planen.

Mit Iganz Furger hatten wir den richtigen Experten gefunden, der uns vor allem als Individuen erkannte und nicht nur fachlich, sondern auch menschlich begleitet hat. Auch alle Mitarbeiter akzeptierten ihn. Er pflegte einen angenehmen Umgang und informierte für alle verständlich. In solchen Situationen ist es auch gut, eine neutrale Person an der Seite zu wissen, die signalisiert, dass zwischen dem Junior und dem Senior Einigkeit herrscht."

Manuel Büsser: „Vor allem in der Anfangszeit hätte ich mir einen Austausch mit anderen jungen KMU-Nachfolgern gewünscht, die in einer ähnlichen Situation sind. Heute habe ich solche Kollegen. Wir diskutieren und jeder versteht, was der andere meint. Mit diesem Buch reflektiere ich die fachlichen und menschlichen Herausforderungen, die mit einer Übernahme verbunden sind, und hoffe, dass andere Junge davon profitieren können. Die theoretischen und manchmal starren Konzepte der Experten, die bei KMU-Übernahmen/Übergaben behilflich sein wollen, griffen bei uns nicht. Zum Glück begleitete uns Ignaz Furger, der flexibel agierte und die menschliche Ebene nicht vernachlässigte. Fazit: Die Anforderungen im Rahmen eines solchen Prozesses sind ähnlich komplex wie in einer Ehe: Darum prüfe, wer sich ewig bindet!

Das anfängliche Bedürfnis, meinem Vater alles recht machen zu wollen, kann man als Ding der Unmöglichkeit bezeichnen und ist auch völlig unnötig, wie ich zu einem späteren Zeitpunkt erkannte. Authentisch bleiben und den eigenen Weg finden: Diese befreiende Einsicht ist mit Erfahrungen verbunden, die jeder selber machen muss. Bis ich soweit war, zogen einige Jahre ins Land, in denen auch privat einiges geschah: Im Jahr 2016 lernte ich meine grosse Liebe kennen, ein Jahr später wurde unser erster Sohn geboren. Ich war jetzt glücklicher Ehemann, Vater – und Firmenchef: Die Ernennung zum Geschäftsführer war natürlich ein Meilenstein.

In den vergangenen Jahren hatte ich an Selbstbewusstsein zugelegt. Dazu gehört auch, dass ich gelernt habe, bestimmter aufzutreten. Am Anfang bat ich manche Mitarbeiter geduldig, dieses oder jenes zu erledigen. Mit steigender Verantwortung gab es Zwänge – zum Beispiel Termine, die eingehalten werden mussten – und ich konnte nicht mehr lange diskutieren und nachfragen. Plötzlich funktionierte es ganz gut.

Da ich Rhetorik-Seminare besucht habe, kann ich heute auch vor grossen Runden professionell auftreten und klar: Heute sitze ich mit geradem Rücken am Tisch, erscheine im Anzug zu wichtigen Sitzungen und melde mich sofort, wenn das Telefon klingelt.

Mein Vater hat mir in seiner Rolle als erfahrener Unternehmer viel beigebracht. Er war sich seiner Funktion als „Leuchtturm" bewusst und hat vermittelt, dass es immer eine Lösung gibt. Die positive Einstellung, nicht jammern, sondern andere motivieren und begeistern, nie hochnäsig oder arrogant agieren, sondern gesellig zu sein und interessiert an seinem Gegenüber: Das alles nahm ich auf meinem Weg mit.

Der ganze Prozess der Übergabe war für meinen Vater und mich ein riesiges Entdeckungsfeld. Er wusste auch, was einen modernen Führungsstil ausmachte. Davon konnte ich ebenfalls profitieren und gemeinsam begannen wir Überzeugungen zu hinterfragen und warfen manches, was im Bereich „Leadership" und „Kommunikation" nicht mehr zeitgemäss war, auf die Halde. Was anfänglich Theorie war, versuchten wir im Verlauf der Übergabe auch anzuwenden. Aufgaben delegieren, Verantwortung abgeben, zugeben, dass andere auch etwas können. Miteinander reden, wissen, was die Mitarbeiter antreibt, sie in die Veränderungen involvieren, war während des Prozesses der Übergabe/Übernahme wichtig – damit sich unsere Leute respektiert fühlten, sich wohlfühlten und den Weg mitgingen."

UNTERNEHMENSKULTUR!

Ernst Büsser: „Als Unternehmer und Chef habe ich einen weiten Weg hinter mir und bin mehr denn je überzeugt, dass Autorität bessere Ressourcen provoziert als das Ausüben von Macht. Die traditionelle Unternehmensführung verliert an Bedeutung. Freude an der Kommunikation erleichtert den Umgang heute miteinander und schafft Vertrauen. Dabei sind Fähigkeiten gefragt, die nicht von akademischer Intelligenz abhängig sind. Um unser Potential auszuschöpfen, sind wir zu einem lernenden Unternehmen geworden und die Innovationskraft aller Mitarbeiter ist der Motor für neue Ideen.

Wir leben eine Fehlerkultur, in der die persönliche Weiterentwicklung das Ziel ist. Krisen gehören zum Leben, wer Neues wagt, muss mit Rückschlägen rechnen, durch sie kommen wir voran. Wer Wünsche hat, muss konfliktfähig sein und entschlossen eintreten, wenn eine Türe aufgeht. Diese Türe öffnete sich bei mir im Alter von 27 Jahren, ich war als Chef ein klassischer Haudegen und hielt mich für den Besten. Den anderen traute ich nicht; ich allein traf die Entscheidungen, weil ich keine Verantwortung abgeben wollte. Diese Haltung verpulvert viel Energie; Ermüdungserscheinungen und Burn-out können die Folge sein. Dieser Umstand war vor vielen Jahren der Hauptgrund, um meine Rolle als Chef und Mensch kritisch zu hinterfragen.

Fortschritt, Leadership, Neugierde auf Neues und zufriedene Mitarbeiter bedeuten, dass man die Komfortzone verlässt und im Gegenzug die Chance erhält, ein möglichst selbstbestimmtes Leben zu führen. Auch im Bereich *Leadership* kam ich zu neuen Erkenntnissen: Sind Mitarbeiter unterfordert und nur Befehlsempfänger, hat das negativen

Einfluss auf ihre Zufriedenheit, die Gesundheit und die Arbeitsmoral. Mitarbeiter, die innerlich die Kündigung einreichen und als Minimalisten auf ihren Jobs sitzen bleiben, kosten die Wirtschaft jedes Jahr viel Geld.

Manuel repräsentiert eine neue Unternehmer-Generation; ihm war klar, dass viele Mitarbeiter heute anders funktionierten als früher. Ihre Zufriedenheit orientiert sich nicht an einem gigantischen Lohn, sondern an intrinsischen Werten, was bedeutet, dass sie mitreden, mitdenken und Verantwortung übernehmen wollen. Das ist ein riesiger Vorteil für KMU-Betriebe, der jedoch einige Überlegungen und Aktionen in diesem Bereich erfordert. In den vergangenen Jahren widmete ich mich diesem Thema besonders intensiv, besuchte unzählige Workshops und Seminare und setzte mich mit allen Aspekten vertieft auseinander. Ich bildete mich weiter und schrieb Zusammenfassungen, um das Gelernte für unsere Nachfolge zu nutzen.

Schreiben bereitet mir viel Freude, regt zum Nachdenken an und schafft eine andere Sichtweise, die letztendlich alle Beteiligten weiterbringt: Andere Meinungen nicht nur zuzulassen, sondern auch umzusetzen, in der Gemeinschaft Lösungen zu suchen, die Stärken der Mitarbeiter zu erkennen und entsprechend zu fördern, halte ich für wichtig. Die Umsetzung neuer und wichtiger Ansätze in Führung und Unternehmenskultur überliess ich meinem Sohn, der in diesen Bereichen unbestritten über Talent verfügt.

Um dies zu verwirklichen, mussten wir zuerst herausfinden, wie jeder Einzelne tickt. Ein spannender Workshop, der alle begeisterte, geprägt von vielen AHA-Eindrücken, spornte uns an. Vor allem die Frage, welche Eigenschaften den Einzelnen antreiben, konnte beantwortet werden. Als feststand, wohin die Reise mit dem ganzen Team führte, hiess es Kräfte bündeln und alle Energien in diese Richtung lenken – das nennt sich transaktionale Führung.

Dabei handelt es sich um ein Konzept, bei dem durch das Transformieren von Werten und Einstellungen – weg von egoistischen, individuellen Zielen, in Richtung langfristiger, übergeordneter Ziele – eine Steigerung der Lebensqualität und der Leistung stattfindet. Zusammengefast bedeutet es für den Unternehmer: den gemeinsamen Weg zur Zielerreichung kommunizieren, als Vorbild auftreten sowie die Förderung und Entwicklung der Mitarbeiter begleiten.

Das alles geschieht nicht ohne Eigennutz: Der wichtigste Schweizer Rohstoff sind mehr denn je gelernte Praktiker, die, eingebunden in die Verantwortung, vom Arbeitgeber gefördert und gefordert werden. Neues lernen und die unbeschränkten Möglichkeiten der Digitalisierung nutzen bedingt ab und zu, die Komfortzone verlassen.
Flache Hierarchien lebten wir schon immer, hinzu kamen Sauberkeit, Sicherheit, Gelassenheit, Dankbarkeit, Kommunikation und Humor.
Ein lockerer Umgangston auf Augenhöhe betrifft alle, vom Kunden bis zur Raumpflegerin. Mit diesem Führungsstil habe ich mich zumindest in der Theorie verjüngt und viel Neues gelernt. Wir leben auch eine neue Fehlerkultur: Schuldzuweisungen fallen weg, dafür werden Fehler analysiert, was dazu führt, dass man aus ihnen lernen kann.

Ich wäre froh gewesen, hätte ich dieses Wissen bereits früher gehabt. All diese Neuerungen führten dazu, dass wir Kunden gefunden haben, die in der Masse der Angebote nach Experten suchen. Innovative und mutige Entscheide haben zu einer Blutauffrischung geführt, Emotionen und Authentizität sind weiterhin in der Marke Büsser enthalten. Die Qualität unserer Produkte und aktives Verkaufen beeinflussen unseren Ruf mehr als teure Marketingkampagnen. Die Kraft der Worte löst Vorstellungen aus, die unser Leben bestimmen."

Manuel Büsser: „Die Prinzipien des kooperativen Führungsstiles entsprechen meinem Charakter und den Werten, die ich vertrete. Ich binde die Mitarbeiter in die Verantwortung mit ein und erteile die entsprechenden Kompetenzen. Sie in Entscheidungen zu involvieren und ihre Funktionen zu erweitern, erfordert – ebenso wie der situative Führungsstil – eine gewisse Flexibilität. Die Erkenntnis, dass zufriedene Mitarbeiter massgeblich am Erfolg einer Firma beteiligt sind und die Unternehmenskultur positiv prägen, lässt mich so denken und handeln. Befehle erteilen, Routinen, viele Regeln und Verbote, die es einzuhalten gilt: Automatisch würde man sich dabei auf tausend Übertretungen konzentrieren, die stattfinden. Der Chef als Polizist büsst auch eine Menge Nerven und viel Energie ein, die er in wichtigere Bereiche stecken könnte.

Ich gehe davon aus, dass alle Mitarbeiter einen guten Job machen, selbst denken und handeln können und Freiheiten, die ich ihnen zugestehe, nicht missbrauchen. Wenn einer ein Fussball-Match schauen will, das um 2.00 Uhr ausgestrahlt wird und er mich fragt, ob er am nächsten Morgen erst um 10.00 Uhr bei der Arbeit erscheinen darf, sage ich in den meisten Fällen „Ja", denn ich empfinde es als Vertrauensbeweis, dass er nicht einfach blaumacht. Alle Mitarbeiter und auch die Kunden wissen: Innerhalb von fest gesteckten Grenzen ist meine Toleranz und Geduld ziemlich gross. Beides sollte jedoch nicht überstrapaziert werden, sonst ist Schluss und zwar definitiv.

Ich glaubte immer an meine Stärken – mein Selbstbewusstsein wuchs parallel zu meinem Wohlbefinden und so gewann ich auch das Vertrauen der Mitarbeiter. Meine Gegenüber sind oft gleichaltrig, ticken und denken ähnlich wie ich, darum fällt es mir leicht, ihre Sorgen und Nöte zu verstehen.

Gut eingebunden in unserer Gemeinschaft wird ihr Potential erkannt und entsprechend gefördert. Entscheidend ist nicht ein gigantischer Lohn, sondern Wertschätzung und Zufriedenheit. Selbstverständlich gehört ein leistungsgerechtes Gehalt auch dazu.

Den sozialen Zusammenhalt untereinander pflegen wir, indem wir an Sporturnieren teilnehmen oder gemeinsam Feste feiern. An solchen Anlässen bin ich ein Kollege auf Augenhöhe und nicht der Chef. Mit den Mitarbeitern ein Vertrauensverhältnis aufzubauen und die Gemeinschaft zu pflegen, ist mir wichtig. So gelingt es, gemeinsame Ziele und Visionen umzusetzen. Ich ermuntere die Mitarbeiter, Verbesserungen zu formulieren und mich zu kritisieren. Das fällt manchen nicht leicht. Darum sollen sie während der Mitarbeitergespräche entsprechende Vorschläge präsentieren, die ich – wann immer möglich – prüfe und umsetzte.

Der eigentliche Schlüssel zum Erfolg liegt in der Unternehmens- und Fehlerkultur. Zwischen der Theorie und der Praxis klafft oft eine Lücke, ich erlebe das fast täglich: Als Unternehmer muss ich für alle Fehler die Konsequenzen tragen. Wenn in einem Hotel ein Teller zu Bruch geht, kostet es zehn Franken. In unserer Branche kostet ein kleiner Fehler schnell ein paar tausend Franken, das nennt sich "Ausschuss". Bezahlen muss ich ihn aus der eigenen Tasche, darum kann ich nachvollziehen, wenn mein Vater oft genervt war. Trotzdem setze ich heute um, was mir wichtig und richtig erscheint: Fehler passieren überall. Schimpfen bringt nichts. Die Konsequenzen müssen den Mitarbeitern aber bewusst gemacht werden und auch der Chef steht in der Verantwortung: Wenn Fehler mit kühlem Kopf analysiert werden, können Verbesserungen erzielt werden."

KMU = KREATIVE MUTIGE UNTERNEHMER!

Ernst Büsser: „KMUs sind die Stützen der Schweizer Wirtschaft und sichern zehntausende von Arbeitsplätzen. KMUs sind auch Rebellen, wenn man so will: Denn sie funktionieren nach den Regeln des Marktes, nicht nach denjenigen der Investoren. Eigeninitiative, Kreativität und Unabhängigkeit gehören in das Pflichtenheft, nicht die Gewinnmaximierung. Innovationen beruhen auf Erfahrungen und Tatsachen, nicht auf theoretischen Konzepten, teuren Marketingstrategien oder Algorithmen. Die Eigenverantwortung als Motivation, um ein KMU zu gründen oder zu übernehmen, halte ich für einen guten Grund, wenn man ein selbstbestimmtes Leben führen will. Auch die Authentizität und die Direktheit in diesem Umfeld haben mir immer gefallen. KMU ist eine Marke. Fantastische Menschen mit ihrer emotionalen und fachlichen Kompetenz überzeugen losgelöst von Investoren und Wachstum.

Ein KMU zu führen, ist eine einmalige Herausforderung und setzt ungeahnte Kräfte frei. Spekulanten und Investoren sind auf schnellen Gewinn aus. KMU brillieren hingegen mit einer Berufslehre, der Fachkompetenz und dem persönlichen Auftritt. Viele Menschen sind überzeugt, für eine tolle Karriere sei ein Bachelor oder Master-Titel zwingend notwendig. Statt Neues zu wagen, bilden sie sich endlos weiter. Doch "Fantasie ist wichtiger als Wissen" – das lehrte bereits Albert Einstein.

Tatsache ist aber auch: Viele KMU-Unternehmer haben festgefahrene Ansichten und leben Überzeugungen aus der Steinzeit. Wie soll sich da ein Nachfolger entfalten? Erfolgreiche Geschäftsmodelle von früher sind heute Auslaufmodelle, die nur noch funktionieren, solange der Patron die Fäden in der Hand hält. Das muss sich ändern. KMU-Inhaber möchte ich ermuntern, ihre Söhne und Töchter bereits früh in ihre Tätigkeiten zu involvieren und so zu beeinflussen, dass sie ein positives Bild der jeweiligen Branche erhalten. Manuel war bereits als kleiner Knirps bei mir in der Firma, auch am Mittagstisch hörte er viel Positives über meine Arbeit. In vielen Fällen wird es dann so sein wie bei einem Kind, das im Zirkus aufwächst: Es will später auch Artist werden, weil es in dieser Welt zu Hause ist und sich wohl fühlt.

Viele KMUs stehen heute an einer interessanten Weggabelung, denn die intelligente Nutzung neuester Technologien und neue Formen der Zusammenarbeit ermöglichen Freiheiten, die früher undenkbar waren. Die Schweizer Industrie steht für Präzision, neueste Technologien, Forschung und Entwicklung. Diese Bedingungen ermöglichen, vom Werkplatz Schweiz aus die Welt zu erobern. Die Alten haben Erfahrung, die Jungen geniale Ideen: Mit dieser Energie lassen sich Berge versetzen. So entstehen mutige Macher, die ohne starre Hierarchien das Schiff selbst steuern.

Glaubenssätze und Überzeugungen geben uns Halt und ein Gefühl der Sicherheit. Die Nachfolgeregelung lehrte mich, meine Ansichten und Überzeugungen zu hinterfragen und an die heutige Zeit anzupassen.
Den Lauf der Dinge kann niemand voraussehen und klar – auch ich habe Fehler gemacht, badete diese aber immer selber aus und musste den Kopf hinhalten. Darum wurde dieser mit der Zeit wohl auch etwas härter."

Manuel Büsser: „Ich war bereits als Kind viel in der Firma meines Vaters und sah, dass er zufrieden war und ein erfülltes Leben führte. Materiell ging es uns ebenfalls gut. Diese Eindrücke führten später wahrscheinlich dazu, dass ich mich entschloss, in die Firma einzusteigen. Die KMU-Welt – bodenständig und authentisch, empfand ich immer als glaubwürdig.

In meiner Jugend waren mir Äusserlichkeiten wichtig. In einem Hochhaus aus Glas wollte ich aber nie Karriere machen. In einem internationalen Unternehmen ist man gebunden und Entscheidungen werden, wenn überhaupt, schleppend umgesetzt. Kreativität und der Mut, Veränderungen herbeizuführen, sind Voraussetzungen, die im KMU-Umfeld zum Tragen kommen. Wenn ich beschliesse, einen Mitarbeiter zum Vorarbeiter zu befördern, dann ist dies eine Aktion, die – überspitzt gesagt – am nächsten Morgen in die Tat umgesetzt werden kann. Die Vielseitigkeit, das interdisziplinäre Arbeiten von der Tätigkeit an der Maschine bis zur Umsetzung neuer Ziele, tragen zu einem Alltag bei, der nie langweilig wird. Ein möglichst selbstbestimmtes Leben zu führen, ist der positivste Punkt meiner Tätigkeit.

Gleichaltrige orientieren sich heute stark an den sozialen Medien, was ich sehr bedaure. Dort protzen die sogenannten *"Richkids"* in extremer Art und Weise. Rolex, Maserati, Brioni-Anzug und Louis-Vuitton-Taschen für die Baby-Tochter werden zur Schau gestellt und das alles am liebsten auf der Terrasse eines Wolkenkratzers in Dubai. Nur in Ausnahmefällen sind diese Statussymbole selbst erarbeitet. Häufiger wird das Vermögen der Eltern verprasst.

Die Überzeugung, alles sei sofort und ohne eigentliche Leistung erreichbar, prägt heute das Bewusstsein. Durchhaltewillen, zu lernen, einzustecken und Schritt für Schritt zu beweisen, dass man Leistung erbringt, ist natürlich anstrengender, als nur eine grosse Klappe zu schwingen. Wenn hohe Ziele formuliert werden, die in kürzester Zeit erreicht werden müssen, ist das Scheitern zudem beinahe vorprogrammiert. Ich bin überzeugt, dass ein Teil der jüngeren Generation bereits wieder andere Werte vertritt als die *Richkids,* die heute Mitte Dreissig sind.

Tatsache bleibt: Jungunternehmer müssen aus einem anderen Holz geschnitzt sein. Unrealistische Ziele zu verfolgen, die gut klingen, aber nicht umgesetzt werden können: Das geht in einem KMU-Betrieb nicht. Was man ankündigt, muss auch erfüllt werden und so werde ich an den Leistungen gemessen, die meinen Worten folgen. Das finde ich gut.

Ich bewundere Menschen wie Steve Jobs, der immer im gleichen Rollkragenpullover auftrat und als Persönlichkeit keinerlei Großspurigkeit an den Tag legte. Seine Visionen standen im Vordergrund, darauf konzentrierte er sich. Solche Menschen haben es schlicht nicht nötig, ihre Eitelkeit durch extremen Besitztum oder andere Exzesse zu nähren. Mittlerweile bin ich überzeugt: Nur so bleibt der Blick auf das Wesentliche unverstellt.

Meine persönlichen Prioritäten haben sich im Verlauf der Jahre verschoben, zudem möchte ich heute als Vorbild agieren: Würde ich in einem Porsche vorfahren, wäre das auch eine schlechte Botschaft an die Belegschaft und meine Glaubwürdigkeit würde leiden. Authentizität, Bescheidenheit und der Fokus auf die persönliche Zufriedenheit: Dieses Bewusstsein zeichnet mich als Unternehmer einer neuen

Generation aus. Ich vertrete zeitgemässe Werte, die auch jungen Berufsleuten wieder wichtig sind. Dieses Umdenken führt hoffentlich dazu, dass Schweizer KMUs in Zukunft wieder vermehrt Nachfolger finden werden.

Die Jahre mit meinem Vater waren eine intensive Lebensschule, persönlich entwickelte ich mich weiter. Am Anfang orientiere ich mich an ihm, wollte ihm nacheifern und seine Leistungen kopieren. In der Zwischenzeit fand ich meinen eigenen Weg, weiss, wo ich als Mensch stehe, und was ich will: Bescheidenheit ist mein Motivator zum Glück und gleichzeitig weiss ich, dass man aus einer gewissen Bescheidenheit heraus hervorragende Leistungen erbringen kann."

FREIHEIT!

Ernst Büsser: „2016 war es Manuels Wunsch, die Geschäftsführung zu übernehmen; es war ein letzter Testlauf vor meinem endgültigen Abgang. Ich brachte mich bewusst immer weniger ein, hatte dadurch mehr Freizeit und wenn draussen die Sonne schien, war ich abwesend. Ab diesem Zeitpunkt sagte mir Manuel, was ich in der Firma zu tun hatte. Ich rationalisierte mich Schritt für Schritt weg, während mein Sohn immer mehr in die Rolle des Unternehmers schlüpfte.

Manuel und sein Team genossen bereits mein volles Vertrauen. Ein sehr befriedigendes Gefühl und eine wichtige Erfahrung, die meinen endgültigen Abgang sicher beschleunigte. Im Sommer 2017 war es soweit, aber der Moment kam völlig überraschend: Voller Glückshormone erzählte ich meinem engsten Umfeld die News. Alle waren total überrascht. Manche glaubten bis zum Schluss, dass ich es in der Endkonsequenz nicht schaffen würde, wirklich loszulassen. Da hatten sie sich aber gewaltig geirrt. Ich packte meine Siebensachen und wertvolle Erinnerungen in eine Kiste, verabschiedete mich in Würde von allen und war weg. Ich empfand keinerlei nostalgischen Gefühle, sondern eine innere Zufriedenheit, Freude und Stolz. Während fünf Jahren haben wir die Voraussetzungen für diesen Tag geschaffen. Nun war er da.

Den Auftakt in die neue Freiheit machte eine dreiwöchige Schiffsreise, von Dubai über Indien bis nach Thailand. Auch spontanen Reiseplänen steht heute nichts mehr im Weg. Auch aus diesem Grund möchte ich den KMU-Patrons zurufen: Plant die Nachfolge frühzeitig, damit noch Energie vorhanden ist, um das Leben zu geniessen! Heute stehe ich am

Morgen zeitig auf, blicke aus dem Fenster und je nach Wetter plane ich meinen Tag. Sport gehört fast immer dazu. Als Sportskanone bin ich auch ein begeisterter Outdoor-Aktivist. Ich trainiere Ausdauer, Kraft, Beweglichkeit. Wellness, Ernährung und mein soziales Umfeld tragen ebenfalls zu meinem Wohlbefinden bei.

Auf meinem Nachttisch stapeln sich die Bücher heute nicht mehr nur – ich lese sie jetzt auch. Themen wie Gesundheit, Ernährung und Fitness interessieren mich besonders, ich lese gern und lasse dem Gelernten Taten folgen. Das Frühstück hat so einen völlig neuen Stellenwert erhalten. Früher ging es ohne und heute geht ohne nichts mehr. Alpkäse und ein weiches Ei von den glücklichen Hühnern des Nachbarn sind ein Muss. Voraussichtlich werde ich 90 Jahre alt und ich bin bereit, selbst etwas zu leisten, damit die Gesundheit und die Lebensqualität erhalten bleiben.

Die Gemeinschaft ist mir noch immer wichtig, ich pflege weiterhin den Austausch mit meinen "alten Kameraden", verbunden mit feinem Essen in einem gepflegten Restaurant. Das Schönste an meiner neuen Freiheit ist Zeit! Zeit, die ich am liebsten mit meinen kleinen Enkeln verbringe. Wir streunen mit dem Kinderwagen durch die Gegend und sind permanent auf Entdeckungsreise. Mit den Augen eines Kindes betrachtet, gibt es viel zu lernen, zu erklären und zu begreifen. Zeit spielt keine Rolle. Spass und Freude tragen zu meinem Glück bei.

Nicht loslassen können hat oft auch mit dem vermeintlichen Bedeutungsverlust zu tun. Gestern noch Unternehmer und morgen nur noch Pensionär? Zu keinem Zeitpunkt habe ich es so empfunden. Es war ein bewusster Entscheid, gut geplant und ich war vorbereitet. Loslassen macht locker und gelassen. In der Firma bin ich nur noch auf Wunsch von Manuel: Der Rat eines Weisen ist unbezahlbar. Vor wichtigen Entscheidungen holt er bei mir eine zweite Meinung ein – und ebenfalls verrichte ich hin und wieder Botengänge.

Den Geschäftsbericht 2018 habe ich mit Stolz und Freude gelesen. Manuel hat seine Firma über ein Jahr erfolgreich alleine geführt und viele Erfahrungen gesammelt. Auch "NEIN" sagen und sich abgrenzen zu können, ist wichtig, weil alles andere über kurz oder lang in der Erschöpfung endet. Mit den eigenen Energien verantwortungsbewusst umzugehen und Mitarbeiter nicht wie Zitronen auszupressen, bedingt *Leadership*. Der Prozess des Lernens ist nie abgeschlossen. So gesehen ist es ein Vorteil, wenn der abtretende Senior-Chef in der einen oder anderen Weise – zumindest theoretisch – ein Ansprechpartner bleibt".

Manuel Büsser: „Auch in meiner Funktion als Geschäftsführer gelangte ich noch mit vielen Fragen an meinen Vater. Heute weiss ich: Auch bei Kleinigkeiten wollte ich so die Verantwortung delegieren. Mit der Zeit verstand ich seine Ungeduld, er zwang mich sozusagen, die Konsequenzen für mein Handeln und Wirken selbst zu tragen. Dies lernt man nicht in den Kaderschmieden, jedoch im Umgang mit Mitarbeitern, Kunden, Lieferanten oder in der Gemeinschaft.

Für mich völlig überraschend informierte mich mein Vater im Sommer 2017, dass er die Firma nun endgültig verlassen wollte. Ich war hin- und hergerissen. Einerseits hatte ich das Gefühl: Jetzt bin ich endlich am Ziel angelangt. Auf der anderen Seite war mir mein Vater stets eine Stütze gewesen, ich konnte in jeder Hinsicht auf ihn zählen. Ab sofort war ich ohne Sprungtuch für alles allein verantwortlich.

Er zog den Abschied konsequent durch. Er hatte diesen Moment sorgfältig vorbereitet und genoss den neuen Lebensabschnitt sofort in vollen Zügen. In der Firma erschien er ab sofort nur noch auf meinen Wunsch hin. Im ersten halben Jahr fehlte er sehr. Gleichzeitig blühte ich auf, endlich konnte ich von A-Z schalten und walten, wie ich wollte, und viele Neuerungen konsequent umsetzen.

Was ich auch feststellte: Als Nachfolger und Unternehmer ist man erst voll akzeptiert, wenn der Senior nicht mehr anwesend ist. Es liegt in der Natur der Sache: Solange der Vater im Haus ist, steht er im Mittelpunkt. Er konnte Lieferanten, Kunden und Mitarbeiter bei Sitzungen zwar auffordern, mich anzusehen, die Blicke blieben aber trotzdem an ihm hängen. Seit seiner Demission ist über ein Jahr vergangen.

Mein erster Geschäftsbericht im Alleingang ist eine Bestätigung meiner Überzeugungen und Fähigkeiten. Alle sind begeistert. Verantwortung zu übernehmen verlieh mir Flügel.

Misserfolge ärgern mich nach wie vor, was meinen Elan jedoch nicht bremst. Die Anfangsjahre mit meinem Vater haben mich geprägt und gelehrt, Stress und Ärger in eine Relation zu stellen. Heute bleibe ich locker und gelassen, denn Lösungen gibt es immer.
Werde ich nach der Zukunft befragt, antworte ich: Ich möchte zuerst gut und nachhaltig erhalten, was mein Vater erschaffen hat, und dann Schritt für Schritt vorwärtsstreben. Gleichzeitig will ich erreichen, was auch meinem Vater wichtig ist: privat zufrieden und ausgeglichen zu sein, damit ich die Firma eines Tages mit guten Gefühlen an meine Kinder abgeben kann."

Mitarbeiter der Büsser Fomenbau AG und die Ehefrau von Manuel Büsser schildern, wie sie die Übergabe der Firma vom Vater an den Sohn erlebt haben.

Janina Büsser (29) erzählt über die Privaten Herausforderungen der Nachfolge.

„Ich stamme ursprünglich aus Gröden, besser bekannt als "Val Gardena" in Südtirol. Mein noch junges Leben hatte ich dem Sport gewidmet. Als Ski Alpin-Profisportlerin wusste ich, was Disziplin und Zielstrebigkeit bedeuten und dass der Weg zum Ziel nicht immer so gerade wie eine Rennpiste verläuft. Bis dahin hatte sich mein ganzes Leben nur um Erfolg und Leistung gedreht. Mit 23 Jahren beendete ich die Karriere im Profisport. Als ich zum gleichen Zeitpunkt Manuel kennen lernte, arbeitete ich als Skilehrerin und befand mich in einer Phase der Selbstfindung.

Es war Liebe auf den ersten Blick! Natürlich erzählte mir Manuel, dass er in der Firma seines Vaters arbeitet und die Möglichkeit besteht, das Geschäft zu übernehmen. Die KMU-Welt war mir nicht fremd, denn meine Eltern sind im Hotelgewerbe tätig. Ich arbeitete schon früh mit, erlebte einiges und machte Erfahrungen, die nur in einem Familienbetrieb möglich sind. Bald feierten wir eine Traumhochzeit und heute leben wir im Linthgebiet, in Schmerikon (SG). Der See liegt vor der Tür und die Berge sind nur einen Katzensprung entfernt.

Der Anfang in der Firma war nicht leicht. Wir machten uns auf anstrengende Jahre gefasst und gleichzeitig freuten wir uns auf die spannende Herausforderung. Was ich mit Sicherheit wusste: Manuel hatte das Potential, um dieser großen Aufgabe gerecht zu werden. Sein Charakter und seine Lebenseinstellung zeichnen ihn aus. Er verfügt über eine innere Ruhe, hat Humor und meistert auch schwierige Situationen mit einer positiven Grundeinstellung. Diese Eigenschaften und auch der Ehrgeiz zeichnen den erfolgreichen Unternehmer sowie Sportler aus. Und, den Fokus und das Ziel niemals aus den Augen verlieren.

In der ersten Zeit war mein Schwiegervater, den ich sehr schätze und mag, noch stark in der Firma eingebunden. Bei großen oder schwierigen Entscheidungen tauschten sich Vater und Sohn im Sitzungszimmer der Firma aus und entschieden letztendlich immer gemeinsam. Vertrauen und auch die Bereitschaft eigene Meinungen zu überdenken waren Grundvoraussetzungen, um gemeinsam weiter zu machen. Als Manuel bereits Geschäftsführer war, figurierte Ernst weiterhin als Inhaber, und das hat man auch gespürt. Mein Mann und ich sprachen immer wieder offen über das Thema "Nachfolge" und kamen auch zum Schluss: Ein eigenes Unternehmen zu führen bedeutet Freiheit und Verantwortung - auch gegenüber Mitarbeitern und deren Familien. Es bedeutet vor allem auch, dass man viel Zeit investiert, was natürlich auf Kosten der Privatsphäre gehen kann.

Ich bin immer für Manuel da und verstehe, dass er manchmal später nach Hause kommt. So halte ich ihm den Rücken frei. Seine Liebe und Wertschätzung sind Trost, wenn es mal nicht wie geplant läuft. Mittlerweile haben wir drei Kinder, welche uns stetig auf Trab halten. Nicht nur von Seiten der Firma lastet Druck auf Manuel, er hat jetzt auch eine "große" Familie zu ernähren. Verantwortung zu übernehmen, sei es privat oder geschäftlich, fiel ihm nicht schwer. Er arbeitet sehr viel - oft auch an den Wochenenden, was die Familienzeit natürlich zusätzlich verkürzt. Die Zweisamkeit pflegen wir am Abend bei einem Glas Wein, wenn die Kinder schlafen. Das Motto lautet heute: Qualität statt Quantität. Anderen Frauen, die in einer ähnlichen Situation sind, rate ich, den Partner bestmöglich zu unterstützen. Ohne Partnerin, die sich auf ihre Aufgaben konzentriert geht es nicht. Ich bin heute eher Managerin, die alles unter einen Hut bringt. Die Firma hat nur Erfolg, wenn die Familie zusammenhält. Wer glücklich ist hat Erfolg!

Mit viel Optimismus und Konstanz schafft es Manuel, das Unternehmen erfolgreich zu führen. Als Ernst wusste und auch gespürt hat, dass sein Sohn die Firma selbstständig führen kann, war er bereit, sein Lebenswerk in dessen Hände zu legen.
Ein langjähriger Prozess konnte für alle Beteiligten positiv beendet werden. Die Übergabe/Übernahme hat die Familien noch stärker zusammengeschweißt. Heute leben wir mit den Schwiegereltern in direkter Nachbarschaft. Ernst ist ein toller „Nonno" und kümmert sich mit Witz und Umsicht um unsere Kinder. Er genießt den Ruhestand und ist sportlich sehr aktiv. Ihm und auch Manuels Mutter Heidi sind wir für die einmalige Chance dankbar, die sie uns gaben."

Der Qualitätsleiter + Betreuung Lernende, Martin Niffenegger (48) arbeitet seit über zwanzig Jahren bei der Büsser Formenbau AG.

„Ich habe die Übergabe/Übernahme zumindest teilweise und vor allem ganz am Anfang als hektisch empfunden. Emotionale Ausbrüche blieben nicht aus. Auch – meiner Meinung nach – wenig zielführende Diskussionen zeigten damals, dass zwei Welten aufeinanderprallen. Die

Führungsstruktur war während der ersten Phase ge-
hemmt. Entscheide wurden gefällt und am nächsten Tag
hatten sie keine Gültigkeit mehr. Ab dem Zeitpunkt, als
der Senior-Chef von den Kompetenzen des Juniors überzeugt war, entspannte sich die Situation merklich, denn
nun konnte Manuel Büsser eigene Entscheidungen treffen, die nicht hinterfragt wurden und also Gültigkeit
hatten. Der Beizug des Strategieplaners Ignaz Furger
half im fachlichen Bereich, zudem hat er beide Seiten gefordert. Irgendwann hat es bei Vater und Sohn offenbar
"Klick" gemacht und danach hat es auch funktioniert.

Jetzt ist Manuel Büsser der Chef. Zusammen haben wir
Schritte eingeleitet, um das manchmal schwierige wirtschaftliche Umfeld zu meistern. Die betrieblichen Ab-
läufe funktionieren auf einem stabilen Niveau. Das aktuelle Team ist erfolgreich. Ebenfalls ist der Führungsstil anders – lockerer, würde ich sagen. Im Fall von jüngeren Mitarbeitern ist die Herausforderung für einen
ebenfalls jungen Chef sicher, dass man für diese einerseits beinahe ein Kumpel ist, andererseits aber auch Distanz und Respekt einfordern muss, um sich bei Schwie-
rigkeiten durchsetzen zu können. Für ältere Mitarbeiter
liegt die Herausforderung im Umgang mit einem jungen
Chef darin, dass man viel Geduld haben und auch viel
Überzeugungskraft leisten muss: um zu vermitteln, warum ein Produkt auf genau diese und keine andere Art
hergestellt werden muss."

Der Produktionsleiter Patrick Kuster (29) ist seit 2010 bei der Büsser Formenbau AG beschäftigt.

„Ich habe den ganzen Prozess der Übergabe/Übernahme miterlebt und heute kann ich sagen: Es war in jeder Hinsicht interessant. Geholfen hat auf dem Weg die regelmässige Information der Mitarbeiter zum jeweils aktuellen Stand der Dinge, was die Übergabe/Übernahme betrifft. Früher war es gut, heute ist es auch gut. Zwischendurch gab es natürlich unter den beiden Chefs Meinungsverschiedenheiten und Diskussionen. Es wäre vermutlich falsch, wenn es diese in einem solchen komplexen Prozess nicht geben würde.

Veränderungen, die bereits unter dem Senior-Chef angeschoben wurden, sind heute implementiert: Die erhöhte Digitalisierung gehört dazu, aber auch weniger Sitzungen, die abgehalten werden, um die Philosophie und die Werte der Firma zu definieren, denn dies wurde in der Zwischenzeit verbindlich formuliert. Was auch andere Mitarbeiter sagen, kann ich bestätigen: Als Team arbeiten wir heute sehr gut zusammen, gleichzeitig ist die verstärkte Eigenverantwortung motivierend."

Der **Polymechaniker und Projektleiter Dario Wildhaber (26) ist seit 2015 bei der Büsser Formenbau AG beschäftigt.**

„Die Jahre der Übergabe/Übernahme habe ich positiv erlebt. Alles wurde über einen längeren Zeitraum hinweg sorgfältig geplant. Wir wurden informiert und dort, wo es Sinn macht, auch involviert. Natürlich handelte es sich um einen Lernprozess: Am Anfang war nicht immer klar, wer den «Lead» für gewisse Projekte hatte. Auf diesem Weg half sicher das Vertrauen gegenüber den Mitarbeitern. Uns wurden mit der Zeit gewisse Kompetenzen zugestanden und übergeben, damit Manuel sich auf das Wesentliche konzentrieren konnte.

Eine neue Führungskraft bringt neue Sichtweisen in den Betrieb und die Konsequenzen seiner Entscheidungen muss er selbst verantworten, wenn der Senior-Chef weg ist. Dadurch, dass Ernst sich konsequent vom Betrieb gelöst hat, war für alle Mitarbeiter klar, wer der neue Chef ist. Das war gut. Es gab keine Unklarheiten. Wir konnten uns an Manuel orientieren. Und weil die Übergabe erfolgreich verlaufen ist, hat auch das Tagesgeschäft nicht gelitten.

Es liegt in der Natur der Sache, dass ein junger Chef jüngere Mitarbeiter gut versteht und sich in diese hineinversetzten kann. Er kennt ihre Interessen und Probleme, weil er diese auch schon durchlebt hat. Die heutige Unternehmenskultur – die auch dem Senior-Chef zu verdanken ist – wird durch die offene Kommunikation geprägt. Der Junior-Chef hat auch immer ein Ohr für Anliegen und Anregungen. Probleme werden nicht mehr über Umwege, sondern direkt gelöst."

Der Polymechaniker und Projektleiter Reto Murer (26) ist seit 2013 bei der Büsser Formenbau AG beschäftigt.

„Den grundsätzlichen Vorteil einer innerfamiliären Firmenübergabe sehe ich darin, dass bestehendes Knowhow weiter genutzt werden kann und die Identifikation des neuen Inhabers sicher grösser ist, als wenn eine externe Person diese Aufgabe übernommen hätte. Der neue Chef kann gut auf alle Menschen eingehen, egal ob sie jung oder alt sind und ungeachtet ihrer Mentalität – das ist natürlich ein Vorteil. Die Übernahme/Übergabe an sich verlief in meiner Wahrnehmung reibungslos. Dass sie von Erfolg gekrönt war, hat sicher auch damit zu tun, dass Vater und Sohn stets offen und ehrlich miteinander umgingen. Nicht zu vergessen die Mitarbeiter: Wir zogen an einem Strick, waren stets darum bemüht, den Weg optimistisch mitzugehen und den Prozess mit vielen Veränderungen als etwas Positives zu sehen.

Als Ernst Büsser die Firma verliess, war mit der neuen Situation keine Angewöhnungsphase verbunden oder gar ein Schockmoment. Alles wurde frühzeitig kommuniziert und die Neuerungen laufend umgesetzt. Dass der abtretende Senior-Chef wirklich loslassen konnte und ab sofort – wenn überhaupt – nur noch im Hintergrund tätig war, kann man ihm hoch anrechnen, wie ich finde.

Die ersten Jahre als alleiniger Chef wurden durch Manuel Büsser gut gemeistert, die normalen Probleme, die dazu gehören, nahm ich nicht als negativ wahr.

Heute weht ein frischer Wind. Die Unternehmenskultur würde ich als modern bezeichnen. Die Stärken der Mitarbeiter stehen im Vordergrund und die stetigen Optimierungen der Prozesse und der Technologien sind erwünscht. Der Tatendrang des jungen Chefs ist spürbar. Er hat neue Ideen, in die er uns involviert. Wir können auch Anregungen einbringen und umsetzen; zudem haben wir heute mehr Verantwortung und Kompetenzen."

WENN DIE CHEMIE STIMMT

Der Strategieplaner Ignaz Furger hat Ernst und Manuel Büsser auf dem Weg der Nachfolge/Übergabe begleitet. Er erinnert sich an eine spannende Zeit.

„Im Januar 2018 erhielt ich einen Anruf von Ernst Büsser: ‚Du, Ignaz, jetzt bin ich draussen. Ich habe die Firma übergeben und definitiv verlassen und werde dort auch nicht mehr auftauchen.' Ich war erstaunt, fragte mich, was geschehen sein mochte, und erkundigte mich: ‚Was heisst denn das? Wieso so plötzlich?' Ernst Büsser antwortete: ‚Letzte Woche geschah es – plötzlich merkte ich, dass ich Manuel in der Firma auf die Nerven gehe. Da wurde mir klar: It`s time to say goodbye!'

Ebenfalls erfuhr ich, dass Vater und Sohn miteinander zu Abend gegessen und alles besprochen und geklärt hatten. Seine Ausführungen endeten mit dem Satz: ‚Jetzt bin ich weg – du weisst gar nicht, wie gut sich das anfühlt.' Ich wusste, dass dem Vollziehen dieses Schrittes ein langer Prozess vorangegangen war und antwortete nur: ‚Gratulation und *Chapeau*, ich wünsche dir alles Gute zu deiner neuen Freiheit.'

Zwei Jahre zuvor hatte ich von ebendiesem Ernst Büsser den ersten Anruf erhalten. Der Firmengründer der Firma Büsser Formenbau AG in Neuhaus (SG) war auf mein Thesenpapier „Mitarbeiter sind die besten Strategen" gestossen und meine Ansätze müssen ihm gefallen haben.

Er bat mich um einen Termin. Am Anfang war ich etwas skeptisch und zurückhaltend: Normalerweise haben meine Kunden mindestens ein paar hundert, vielfach aber sogar tausende von Mitarbeitern. Die Büsser Formenbau AG hatte deren zehn. Ein paar Tage später fuhr ich zum Firmensitz in Neuhaus. Es handelte sich um einen kleinen Betrieb, untergebracht in einem modernen Industriegebäude mit vernetzten CAD/CAM-Arbeitsplätzen und einem Fertigungsprozess auf der Höhe der Zeit. Ernst Büsser erklärte mir alles ausführlich, wir kamen schnell ins Gespräch und die Chemie zwischen Ernst Büsser und mir stimmte von Anfang an. Damit war auch sofort das nötige Vertrauen da, um zusammen einen komplexen Prozess wie die Nachfolgeregelung anzugehen.

Die Firma sollte vom Vater auf den Sohn übergehen. Für diesen Prozess war es dem Vater ein Anliegen, die Strategie neu aufzustellen, und zwar nicht nur zusammen mit seinem Sohn, Manuel Büsser, sondern auch mit den Mitarbeitern. Es war ihm wichtig, dass diese voll mit einbezogen wurden. Manuel Büsser war damals 31-jährig und stand noch ganz klar in der zweiten Reihe – aber sein Drang nach vorne war spürbar. Der Vater bestimmte die Themen und den Zeitplan – aber Manuel war da, bereit und abwartend. Er wusste, dass seine Zeit kommen würde.

Bald stand der Fahrplan für drei Strategieworkshops fest. Gezwungenermassen war praktisch die ganze Belegschaft mit von der Partie. Diese Workshops verliefen hervorragend. Am Anfang war das für die Mitarbeiter ungewohnt; sie verhielten sich zurückhaltend, doch bald war das Eis bei den ersten Gruppenarbeiten gebrochen. Es wurden Ideen aufgeschrieben, Optionen diskutiert und Massnahmen formuliert und zugeordnet. Den Mitarbeitern wurde bald einmal bewusst, dass sie ernst genommen und im Prozess der Firmenübergabe/Übernahme involviert wurden.

Für alle Beteiligten war es eine völlig neue Situation und die Mitarbeiter waren eine Zeitlang hin- und hergerissen – am Anfang hatte der Vater noch die Aufmerksamkeit voll für sich – auch wenn er das gar nicht wollte, im Gegenteil, er versuchte aktiv, die Führungsrolle abzugeben. Aber wie es so ist, man will ja trotzdem dabei sein – und das kommt dann so heraus, dass der Sohn zwar spricht, alle aber warten, bis der Vater dazwischenkommt und korrigiert – und das hat er dann auch ein paarmal gemacht!

Später ist es dann gekippt: Der Vater war zum Abschluss des zweiten Workshops nicht mehr dabei, Manuel ist nach vorne getreten und hat die Führung richtiggehend übernommen. Es war das erste Mal, dass sich alle Mitarbeiter auf ihn konzentrierten. Ohne die graue Eminenz im Raum nahm der Juniorchef die Leute sofort für sich ein. Und der Vater hat mit seiner Abwesenheit gezeigt, dass er bereit ist, loszulassen.

Einen Workshop führten wir extern durch, in einem Hotel mit Seminarraum, Mittagessen und informellem Apéro am Abend. Das wirkte sich sehr positiv auf die Stimmung aus, auf den Austausch und den Zusammenhalt – neudeutsch auch «Teamentwicklung» genannt.

Im Verlauf dieses Projektes zogen wir in Erwägung, für Manuel ein Coaching aufzusetzen. Ich selber mache so etwas nicht, bin dazu viel zu analytisch und kopflastig. Aber ich kannte Kollegen, die in diesem Bereich tätig sind, um Manuel zu begleiten, vor allem auch im Bereich der Mitarbeiterführung. Beide – Vater und Sohn – waren sehr offen, das auszuprobieren. Nur: Der durch mich vermittelte Coach war so schnell wieder weg, wie er gekommen war. Schon nach dem zweiten Satz sagte Manuel: „Diese theoretischen Ansätze können vielleicht in grossen Firmen eingesetzt werden, aber hier haben wir keine Zeit fürs Händchenhalten." Was Manuel damit gezeigt hat, ist, dass er bereit war, die volle Verantwortung selber und alleine zu übernehmen.

Auch nach diesen Workshops blieben Ernst, Manuel und ich in Kontakt und so ist es bis heute geblieben. Ich setzte natürlich keine Konzerntagessätze an, verrechnete aber auch keine Spezialpreise. Geld war nie ein Thema, am Schluss waren beide Seiten mit dem Ergebnis mehr als zufrieden. Fragen zum Geschäft, Erfahrungsaustausch, Unterstützung für Vorträge – ich war und bin immer noch Ansprechpartner für viele Themen, die anfangs oft auch das Spannungsfeld zwischen Vater und Sohn beinhalteten. Es gibt einige Anekdoten, die mir zeigen, dass der Rollenwechsel von Vater und Sohn, der in einem solchen Prozess stattfinden muss, eine Herausforderung bleibt. Eine bleibt mir noch gut in Erinnerung: Als Manuel bereits Geschäftsführer war, sah er Vaterfreuden entgegen. Der zukünftig Grossvater war hellauf begeistert und drängte Manuel dazu, mir die Neuigkeit mitzuteilen. Sicher hätte der Sohn den Zeitpunkt lieber selbst bestimmt, liess sich aber nichts anmerken.

Zu sehen, wie Manuel sich entwickelte und die Firma immer mehr übernahm, machte Freude. Sein Selbstvertrauen wuchs fast täglich und er nahm die Firma mehr und mehr in seine Hand. Er begann, ein hochkarätiges und professionelles Netzwerk aufzubauen. Bald hatte er Beziehungen zu Fachhochschulen, Forschungsinstituten und vor allem auch zu Lehrkräften der Eidgenössischen Technischen Hochschule Zürich (ETH). Diese ETH hat ihn dann zu einem Vortrag eingeladen, und zwar sollte er über die Digitalisierung eines Industriebetriebes sprechen. Die Einladung erfolgte durch eine eigentliche Koryphäe auf diesem Gebiet, Prof. Dr. Konrad Wegener, ordentlicher Professor für Produktionstechnik und Werkzeugmaschinen an der ETH Zürich.

Wir haben den Vortrag zusammen besprochen und ich gab Manuel einige Tipps mit auf den Weg. Natürlich war auch ich ziemlich gespannt, wie er sich in diesem akademischen Umfeld schlagen würde. Vorgesehen waren 40 Minuten Gesprächszeit, und dafür hatte er zwanzig Folien vorbereitet. Nach zehn Minuten tauchte schon Folie 15 auf. Er war etwas nervös, hatte zu schnell gesprochen und mehr oder weniger abgelesen, was auf dem Bildschirm stand. Doch dann erzählte er vom Programmierer, der ihm viele Nächte den Schlaf raubte: ‚Nehmt euch in Acht vor Informatikern. Ich hatte einen für die Programmierung der Maschinen eingestellt.

Dieser kam immer mit neuen Forderungen, was alles noch programmiert und angepasst werden müsste, und die Honorare stiegen ins Unermessliche. Der Betrieb aber musste weiterlaufen, und ich hatte gar keine Wahl – ich war dieser Person vollkommen ausgeliefert.‘ Während er weitererzählte, stieg die Spannung im Saal. Die Zuhörer hingen förmlich an seinen Lippen, als er sie warnte: ‚Machen Sie am Anfang einen knallharten Vertrag, denn sonst haben Sie keine Chance und Sie sind verloren.‘

Manuel kam natürlich und locker ins Erzählen, hat ausgeholt und Beispiele aus seinem Alltag erzählt. Als er nach 45 Minuten endete, war ich sogar ein bisschen stolz auf ihn. Er hat später weitere Vorträge gehalten, und Vertreter der ETH gehen fortan in seiner Firma ein und aus.

Ich habe über die Jahre viele spannende, grosse und herausfordernde Projekte durchführen dürfen, aber menschlich war und ist die Zusammenarbeit mit Ernst und Manuel Büsser die Schönste meiner Laufbahn. Die Direktheit und die Offenheit machen den Unterschied zwischen einem Konzern und einem KMU aus. In einem Grossunternehmen muss fast alles durch die Blume gesagt werden, Diplomatie und Taktgefühl sind wichtig, machiavellistische Fähigkeiten helfen weiter. Der Gewerbler sagt einfach, was er denkt, und damit basta: Das gefällt mir."

www.furger-partner.com

Gesundes Mass an Pragmatismus

Ignaz Furger unterstützt seit über zwanzig Jahren Unternehmen und Organisationen in strategischen Fragestellungen. KMUs, bei denen Umsatz und Ertrag stimmen und die zusätzlich strategisch gut aufgestellt sind, finden vielleicht nicht den direkten Nachfolger, aber sie finden immer einen Käufer – davon ist der Strategieplaner überzeugt.

Herr Furger, was versteht man unter der strategischen Planung genau?

Die strategische Planung ist ein Geschäftsprozess und wird in der Regel im Jahresrhythmus durchlaufen. Dieser Prozess ist der Mittelfristplanung und der jährlichen Budgetierung vorgelagert und befasst sich inhaltlich mit der langfristigen Ausrichtung des Unternehmens. Im Idealfall wird darin einerseits die Unternehmensstrategie einmal im Jahr überarbeitet und angepasst und andererseits auf unerwartete Veränderungen im Umfeld zeitnah reagiert.

Und welche Aufgaben umfasst die Strategieentwicklung?

Diese wird im Rahmen eines Projekts ausgearbeitet und ist zeitlich begrenzt. Das Ergebnis ist, wie es das Wort sagt, die Strategie in Form von Zielen und Massnahmen. Das Projekt unterteilt man klassisch in die folgenden vier Phasen: Vorgaben, Analyse, Gestaltung und Planung. Die Umsetzung fliesst dann in die Mittelfristplanung und die tägliche Arbeit in Form von Projekten ein.

Was hat sich im Vergleich zu früher verändert?

Früher hat man eine Unternehmensstrategie starr nach diesem Prozess von Anfang bis Ende erarbeitet. Heute arbeitet man mehr und mehr situativ, fokussiert sich auf bestimmte Themen wie zum Beispiel die Digitalisierung und versucht flexibel, oder neudeutsch ‚agil', zu bleiben. Es gibt neue Instrumente, oder zumindest neue Namen dafür, und vor allem werden Mitarbeiter immer mehr in die Strategieerarbeitung einbezogen.

Strategieprojekte – so schreiben Sie auf Ihrer Webseite – werden zu 70 % nur mangelhaft oder überhaupt nicht umgesetzt. Aus welchen Gründen ist das so?

Die Akteure, nämlich die Mitarbeiter, die die Umsetzung durchführen, werden bei der Entwicklung nicht oder zu spät eingebunden. Sie empfangen die Umsetzung als Befehl von oben anstatt Veränderungen aus eigenem Antrieb umzusetzen. Zudem gibt es keine Standards in der Strategieentwicklung wie z. B. mit der GAAP in der Buchhaltung. Jeder Unternehmer oder Geschäftsführer versucht es auf seine Weise und wendet sich im Notfall an Berater, die jeweils ihre eigenen handgestrickten Methoden mitbringen. Einen dritten Schwachpunkt sehe ich darin, dass ein systematisches Nachfassen der Umsetzung und der Massnahmen oft fehlt. Ich kenne wenig Unternehmen, die ihre Strategie konsequent überarbeiten und immer wieder anpassen. Man fängt jedes Mal wieder von vorne an, und was letztes Jahr festgehalten wurde, hat inzwischen oft jegliche Relevanz verloren.

Gelten im Rahmen der Strategieplanung andere Voraussetzungen als in einem internationalen Grosskonzern?

Ja, auf alle Fälle. Und zwar vor allem dort, wo die KMUs von einem Unternehmer geführt werden und nicht von Managern. Ein Unternehmer braucht keine Strategieplanung. Er weiss, was zu tun ist, und tut es; das macht den Unternehmer aus. Bei Grossunternehmen arbeiten und führen vor allem Manager. Auch wenn sie sich gerne als Unternehmer bezeichnen, sind sie Angestellte und verhalten sich in der Regel auch als solche. Die grössere Verantwortung wird durch die grössere Entlöhnung abgegolten. Wenn der Erfolg ausbleibt, werden sie entlassen, manchmal mit einem goldenen Fallschirm. Der Unternehmer kann das nicht, er haftet vielfach mit dem Privatvermögen und ist auf Gedeih und Verderb vom Erfolg abhängig.

Das KMU hat meist auch weniger Zeit und Geld als ein grosser Konzern. Was bedeutet das genau?

Es muss im heutigen Umfeld schnell agieren und reagieren – und das kann nur der Unternehmer – indem er schnell entscheidet. Ansonsten arbeiten wir heute bei KMUs eher mit den "vier Gefässen". Diese geben einen Ordnungsrahmen vor, in dem man Strategien jederzeit überarbeiten und auch kommunizieren kann. Damit behält das Unternehmen die notwendige Flexibilität und Agilität, um auf Änderungen zu reagieren.

Was versteht man unter den "vier Gefässen"?

Das erste Gefäss enthält Ideen, die noch unausgegoren und ungeordnet sind. Diese werden in einer Liste erfasst und mit einem oder zwei Sätzen beschrieben. Jederzeit können neue Ideen dazukommen oder andere entfernt werden. Das zweite Gefäss enthält Optionen. Optionen sind Ideen, die qualitativ bewertet worden sind, und zwar nach den beiden Dimensionen «Nähe zum bestehenden Geschäft» und «Abstand zum Erfolg».

Ins dritte Gefäss legen wir die Stossrichtungen. Das sind quantifizierte Optionen. Das heisst, wir hinterlegen die Optionen mit Umsatz und Ergebnis über einen Zeitraum von beispielsweise drei bis fünf Jahren. Somit können erste Business-/Finanzpläne erstellt werden. Im vierten Gefäss werden die definierten Projekte dann umgesetzt. Anhand einer *Roadmap* werden jene Stossrichtungen ausgewählt, die wir umsetzen und füllen.

Aus welchen Gründen sind solche Aktionen im Rahmen einer KMU-Übergabe/-Übernahme notwendig?

Es gibt drei Gründe: Abstimmung mit jener Person, die das Unternehmen übernimmt, neue Finanzierungen, zum Beispiel für Wachstumsstrategien, und die Kommunikation. Im Detail bedeutet das: Wenn der Unternehmervater die Strategie nur im Kopf hat und diese dem Sohn weitergeben will, sind Probleme vorprogrammiert.

Diese mündlich zu formulieren, ist nicht unbedingt die beste Idee. Oft fehlen die klaren Worte, was zu Zweideutigkeiten führen kann. Hilfreich ist es, wenn man sich zusammensetzt und alles schriftlich festhält – so können Unterschiede aufgedeckt werden. Auch kann es sein, dass eine neue Finanzierung notwendig ist, dass eine Bewertung der Firma vorgenommen wird, um die Übergabe auch finanziell zu erledigen. Der dritte Punkt betrifft die Belegschaft, die Kunden, die Stakeholder: Diese sind daran interessiert, wie der Nachfolger weitermacht, was er im Sinn hat und welche Strategie er verfolgt. Auf Basis einer schriftlich vorliegenden Strategie kann die Kommunikation klargestellt und vereinheitlicht werden.

Vor allem den Einbezug von Mitarbeitern innerhalb der angestrebten Veränderungen erwähnen Sie als wichtigen Punkt. Aus welchen Gründen ist es so?

Aufgrund meiner langjährigen Beratertätigkeit kam ich zu folgendem Schluss: «Der Mensch tut das, wovon er überzeugt ist, und überzeugt ist er von einer Erkenntnis, die er selber erarbeitet hat». Zu dieser Thematik habe ich zehn Thesen erfasst unter dem Titel «Die Mitarbeiter sind die besten Strategen». Es war eine Einsicht, die offenbar auch Ernst Büsser überzeugt hat. Nachdem er auf mein Thesenpapier gestossen war, meldete er sich bei mir.

Welche Eigenheiten ergeben sich, wenn Vater und Sohn im Prozess der Übergabe/Übernahme involviert sind?

Ein Vater nimmt zwei Rollen ein – die des Vaters und die des Chefs. Auch wenn er als Vater nicht mehr eine dominierende Position einnimmt, wird es nicht einfach, diese beiden Rollen auseinanderzuhalten. Kritisch wird es dann, wenn er in der Firma als Vater auftritt – und das noch vor den Mitarbeitern. Ebenso ist der Sohn gefordert, der die beiden Rollen Sohn und Angestellter trennen muss. Privat Distanz zu schaffen kann auf beiden Seiten zu einer Entspannung führen.

Für wen ist der Prozess schwieriger, für den Junior oder den Senior?

Das ist unterschiedlich und hängt von den Personen ab. Der Vater hat bei beiden Rollen sicher die stärkere Position – in der Familie als Vater und im Geschäft als Chef. Er benötigt Zeit, um zu akzeptieren, dass der Sohn erwachsen ist. Gelingt ihm dieser Schritt nicht, kann es zu einer Situation wie bei einem Bauern in Vals kommen, der nach einer Diskussion um Angelegenheiten im Familienbetrieb als über 80-Jähriger seinen 60-jährigen Söhnen beschert hat: „Was wollt ihr denn schon sagen, ihr seid ja noch Buben." Der Vater muss also privat und geschäftlich loslassen können.

Leadership-Themen, flache Hierarchien, Transparenz auf allen Ebenen – sind die älteren Semester mit der Umsetzung solcher Themen innerhalb einer Übergabe grundsätzlich überfordert, oder wie erleben Sie es?

Natürlich hängen ältere Semester im Allgemeinen an dem, was sie schon immer gemacht haben – aber viele sind offen, wenn es um die Übergabe an einen Jüngeren geht. Einigen Neuerungen stehe auch ich ambivalent gegenüber, denn vieles wird als neuer Wein in alten Schläuchen präsentiert: Das Thema Agilität wurde bereits durch den Begründer des Strategischen Managements, Harry Igor Ansoff, behandelt. John P. Kotter hat im Jahre 2012 in einem Artikel in der Harvard Business Review die moderne Organisation mit dem „dualen

Betriebssystem" hervorragend beschrieben[1]. Vieles, was danach gekommen ist, ist nur noch ein Abklatsch davon.

Aufgrund meiner Erfahrung kann ich sicher sagen: Es braucht beides, Freiraum und Hierarchie. Eines aber bleibt bestehen: Entscheiden muss der Chef – und dafür trägt er weiterhin die Verantwortung; dazu ist er da und das ist sein Job.

Und welche Themen sind für die Jüngeren eher schwierig?

Hierarchien sind natürlich ungewohnt, aber wenn es um Verantwortung geht, sind auch die Nachfolger froh, dass noch jemand da ist, der ihnen den Rücken stärkt.

In der Zwischenzeit gibt es unzählige Coaches und Plattformen, die bei der KMU-Übergabe behilflich sein wollen. Was halten Sie davon?

Ich sage immer: Wer in der Linie nicht mehr gebraucht werden kann, wird Berater, und wer es als Berater nicht schafft, wird Coach. Sicher gibt es gute Mentoren, die eine wichtige Aufgabe erfüllen. Aber die meisten kommen mir manchmal vor wie die Wanderprediger und Mönche im Mittelalter, die mit ihren guten Vorschlägen und Ritualen den Menschen die Glückseligkeit versprochen haben. Es gibt heute auch keine einheitliche Linie – jeder hat seine eigenen Ideen und seine spezielle Schule. Auch das ist fast so wie im Mittelalter mit den Häretikern – ausser dass sie heute nicht mehr verfolgt werden und freie Hand haben. Ein gesundes Mass an Pragmatismus wäre in diesem Bereich wünschenswert, so wie es

---

[1] "ACCELERATE" (Harvard Business Review, Nov 2012)

der US-amerikanische Managementlehrer Peter Drucker vertritt oder neuerdings Reinhard K. Sprenger in seinem Buch "Radikal führen". Sprenger hat fast zwei Jahre in der Linie als Angestellter gearbeitet und diese Erfahrungen in einem Buch festgehalten[2], das man gelesen haben muss.

Was halten Sie von Seminaren und Kursen, die sich der Weiterbildung, der Motivation, der Selbstoptimierung und der Selbstanalyse widmen?

Einmal pro Jahr eine Weiterbildung besuchen tut gut. Sich alle paar Jahre einen Spiegel vorhalten ebenfalls. Das gilt für den Chef und manchmal auch für die Mitarbeiter. Was mir aber auch auffällt: Mitarbeiter im KMU, die einen vernünftigen Job machen, vielfach noch in Handarbeit, oft auf dem Land leben und über ein intaktes soziales Umfeld verfügen, benötigen weniger Motivationstrainings als Mitarbeiter bei einer grossen Versicherung, die in einem Bürokasten im sterilen Vorort einer Stadt arbeiten.

Sie beschreiben Firmen als lebendige Organismen, also als individuelle Gebilde, die man nicht einfach über einen Kamm scheren kann. Welche Konsequenzen hat diese Einsicht auf Ihre Arbeit?

Der Wirtschaftswissenschaftler Hans Ulrich hat ein Unternehmen als «soziales, produktives und offenes System» beschrieben. Das Ziel oder der Sinn dieses Systems ist der Erhalt seiner eigenen Lebensfähigkeit. Diesen Ansatz habe ich

---

[2] Radikal führen, Reinhard K. Sprenger, ©2012 Campus Verlag

mir zu eigen gemacht – und da gibt es Kriterien und Eigenschaften, an denen man sieht, ob die Lebensfähigkeit gegeben ist oder ob sie in Gefahr ist. Ein wichtiger Punkt ist, dass dieses System eine gewisse Reife erreichen muss, sprich, es muss ohne den Chef existieren können. Der Chef muss sich irgendwann entbehrlich machen können. So lange der Chef da sein MUSS, ist es nicht alleine lebensfähig. Fällt dieser weg – und sei es nur für kurze Zeit – zeigt sich, ob die Organisation weiter besteht und also überleben kann.

Meinungsverschiedenheiten zwischen dem Patron und seinem Nachfolger sind beinahe vorprogrammiert, speziell wenn es sich dabei um Vater und Sohn handelt. Wie erzielt man Einigkeit?

Vorweg: Meinungsverschiedenheiten gehören dazu. Diese muss man ausdiskutieren, und dabei hilft natürlich eine dritte Person, die den Diskurs leitet. Man muss aber nicht immer gleicher Meinung sein. Einer wird sich dann durchsetzen – am Anfang wird das meist der Senior sein; aber wenn es dem Junior gelingen soll, sich mehr und mehr durchzusetzen, geschieht das manchmal aufgrund von Meinungsverschiedenheiten. Diese können eine Möglichkeit für den Nachfolger sein, sich seine Position zu erarbeiten und sich durchzusetzen.

Tritt bei innerfamiliären Firmenübergaben die persönliche Ebene stärker in den Vordergrund als bei anderen Konstellationen, und wie gehen Sie damit um?

Die Konzentration auf die Sachebene ebnet oft auch den Boden, um persönlichen Befindlichkeiten auf die Spur zu gehen. Andere "Knöpfe" lösen sich dann oft ebenfalls. Ich arbeite mit spezifischen Instrumenten, so zum Beispiel mit der SWOT, um die Ausgangslage darzustellen, oder mit dem Adjacency-Diagramm, um strategische Optionen und Stossrichtungen zu bewerten. Wenn das Ergebnis in Form eines Diagramms oder einer Grafik vorliegt, die klar die Vorteile aufzeigen oder die Richtung, die einzuschlagen ist, das heisst, wenn die Argumente analytisch hergeleitet werden, dann wird das Ergebnis meist akzeptiert. Aber ich halte es hier auch mit einer Methode aus dem Buch "Der Mafia Manager"[3]: zuerst alles analysieren und dann den Bauch entscheiden lassen.

Welches sind die wichtigsten Voraussetzungen, die die Protagonisten einer KMU-Übernahme/-Übergabe erfüllen müssen, damit das Vorhaben erfolgreich umgesetzt werden kann?

Fachwissen, Vorbildfunktion und Motivation auf der einen Seite und auf der anderen Seite im richtigen Moment loslassen. Dieses Loslassen muss nicht nur innerlich, sondern auch formal geschehen. Bei Personen, die in keiner persönlichen Beziehung zueinander stehen, wird das Austrittsdatum vertraglich festgelegt, und der alte Besitzer ist draussen. Auch bei Vater und Sohn empfiehlt sich ein formales Vorgehen, aber das ist halt manchmal einfacher gesagt als getan.

---

[3] Der Mafia Manager, 1997

Eine beachtliche Anzahl an KMU-Unternehmen findet heute keine Nachfolger. Warum eigentlich?

Ich bin anderer Meinung. Ein KMU, das funktioniert, in dem Umsatz und Ertrag stimmen und das strategisch gut aufgestellt ist, findet vielleicht nicht den direkten Nachfolger, aber es findet immer einen Käufer. Es gibt einen riesigen Markt und auch viele Berater, die sich dem Thema annehmen. Ich sehe eher wirtschaftliche Gründe für den Misserfolg, und das ist auch gut so. Denn es bringt nichts, ein krankes Gebilde am Leben zu erhalten. Ein Chef von mir hat einmal gesagt: „Das ist wie das Warmhalten einer strategisch toten Leiche."

www.furger-partner.com

GUT ZU WISSEN

Der Treuhandexperte Reto Wettstein erläutert die wichtigsten Punkte, die innerhalb einer Nachfolgeregelung bedacht werden sollten.

Welche juristischen Abmachungen/Rechte und Pflichten sollten – im Fall einer familieninternen Lösung – von Anfang an formuliert werden?

Dabei denke ich als Erstes an die Erbsituation unter allfälligen Geschwistern. Aus meiner Sicht ist es eminent wichtig, dass alle Parteien den Vorgang der Nachfolge kennen und mit allen Gegebenheiten von Anfang an einverstanden sind. Alle anderen "rechtlichen" Pflichten sind aus meiner Sicht identisch zur "normalen" Nachfolge.

Allenfalls könnte noch über eine Regelung zum Vorkaufsrecht bei familieninternen Nachfolgen nachgedacht werden. Diese bezweckt, dass die Firma nicht einfach aus der Familie hinaus verkauft wird, sondern eben die anderen Familienmitglieder ein Vorkaufsrecht erhalten.

Welche Verträge/Abmachungen können auf einen späteren Zeitpunkt verschoben werden?

Es ist wichtig, vor dem Tag X – also jenem Tag, an dem die Geschäfte auf den Sohn oder die Tochter übergehen – sämtliche Abmachungen getroffen zu haben. Natürlich ist das nicht immer möglich, und es liegt auch in der Natur der Sache, dass möglicherweise etwas vergessen wird, aber je mehr bereits im "Guten" geregelt ist, desto weniger läuft anschliessend schief.

Wie geht man vor, wenn die Nachfolge extern geregelt wird?

Das Vorgehen ist grundsätzlich das Gleiche wie bei einer familieninternen Regelung. Die Preisfindung ist wahrscheinlich etwas schwieriger und natürlich wird seitens des Käufers die Buchhaltung und allgemein die Firma stärker durchleuchtet und geprüft.

Welches ist die ideale Geschäftsform, damit möglichst wenig Steuern anfallen?

Auf der Seite des Verkäufers drängen sich hier die juristischen Personen, genauer die Aktiengesellschaft und die GmbH, in den Vordergrund. Dies hauptsächlich aus dem Grunde des steuerfreien Kapitalgewinnes. Sprich: Das Aufgeld zwischen ursprünglichem Gründungspreis und dem Verkaufspreis ist steuerfrei. Wichtig: Ist die aktuelle Rechtsform eine Einzelfirma, so drängt sich das Thema Umstrukturierung – also Umwandlung der Einzelfirma in eine juristische Person – auf. Wichtig hierbei ist das Einhalten der Sperrfristen für den Verkauf. Nach Umwandlung einer Einzelfirma in eine juristische Person darf diese während fünf Jahren nicht veräussert werden. Ansonsten würden die bei der Wandlung nicht besteuerten stillen Reserven nachbesteuert werden.

Aus welchen Gründen ist eine Bewertung der Firma sinnvoll?

Eine Bewertung der Firma ist vor allem aus erbrechtlicher Sicht relevant. Wird eine Firma zu tief an eines der Geschwister verkauft, so könnten sich die anderen Geschwister dagegen wehren, weil sie vom Erbe nicht den gleichen Anteil erhalten, weil versteckt an ein Kind die "wertvolle Firma" zu einem zu tiefen Preis vergeben wurde. Natürlich macht die Bewertung der Firma bei einem externen Verkauf nicht nur Sinn, sondern ist schlussendlich auch die Basis zur Findung des Kaufpreises.

Welche Gründe sprechen für einen Erbvertrag?

Im Erbvertrag kann bereits im Vorfeld alles unter den Parteien geregelt werden. Dies hilft im Todesfall, die Verteilung des Erbes und damit verbunden die Probleme zu vereinfachen. Ebenso kann in diesem Erbvertrag auch die Bewertung der Firma mit geregelt werden, so dass eben alle Parteien das gleiche Verständnis haben und dieses auch so mit einer Unterschrift besiegeln.

Wie genau schützt man den Ehepartner bei einer familieninternen Nachfolgereglung?

Ich bin mir nicht sicher, ob ein solcher "Schutz" nötig ist. Der Verkauf der Firma wird in den allermeisten Fällen sowieso am Familientisch verhandelt und der Ehepartner ist meistens auch im Prozess integriert. Das ist ein wichtiger Punkt: Der Verkauf sollte sorgfältig mit dem Ehepartner besprochen werden.

Welche Absicherungen sind unter Umständen nötig, damit der bisherige Lebensstil auch weiterhin aufrechterhalten werden kann?

Dies ist ein wichtiges Thema, sollte aber nur am Rande in die Preisfindung der Unternehmensübertragung einfliessen, da sonst möglicherweise das Unternehmen zu teuer an den Sohn oder die Tochter geht und die betriebswirtschaftliche Weiterführung verunmöglicht oder zumindest erheblich erschwert. Daher sollten die Absicherungen ausserhalb des potentiellen Verkaufes aufgelistet werden. Oder einfach gesagt: Der Unternehmer soll seine Pension planen, ohne den Verkaufserlös in die Pensionsplanung einzurechnen.

Ist in diesem Bereich ein Finanzplan notwendig und welche Fragen müssen dabei geklärt werden?

Ein Budget, das die Lebenskosten auflistet und die genaue Übersicht, welche Gelder wann in welcher Form zur Verfügung stehen, ist eine wichtige Komponente, um einen Überblick über den allfälligen Vermögensverzehr zu haben.

www.wettsteintreuhand.ch

NACHWORT

Von Franziska K. Müller

Die Zusammenarbeit startete bei einem guten Glas Wein. Am Tisch in einem Restaurant sassen Ernst Büsser – und eine junge Frau. Die Tochter? Eine Mitarbeiterin? Die beiden schienen sich schon ewig zu kennen, unterhielten sich angeregt. Melanie holte auf dem zweiten Bildungsweg die Matura nach, wollte studieren, wollte Psychologin werden. Bald stellte sich heraus: Sie sass zufällig am gleichen Tisch. Die beiden hatten sich erst ein paar Minuten zuvor kennengelernt.

Der erste Eindruck bestätigte sich in den folgenden Monaten: Ernst Büsser mag Menschen und die Menschen mögen ihn, der authentisch ist, interessiert am Leben der anderen teilnimmt, positive Energie versprüht, mitreissen kann. Auch diese Gaben trugen dazu bei, dass er im Leben reüssierte, nicht nur in geschäftlicher Hinsicht, sondern auch menschlich. Das erfahre ich später von seinem Sohn: Manuel Büsser. Dieser hatte den Vater zum Buchprojekt animiert, doch für den Firmengründer war klar, dass sein Nachfolger mit von der Partie sein sollte.

Die Aufgabe? Das geplante Werk soll andere begeistern, eine familieninterne KMU-Übergabe/-Übernahme zu wagen und aufzuzeigen, wie die komplexe Aufgabe gelingen kann. Die Herausforderung des Buches – Vater und Sohn berichten getrennt über ihre Erfahrungen, die zum Ziel führten – lag im Umstand, dass die jeweiligen Texte nicht einfach gespiegelt Versionen voneinander sein sollten. In den folgenden Wochen wurden die wichtigsten Themenbereich definiert, eine Dramaturgie festgelegt, die Gespräche minutiös vorbereitet und geführt. Zuerst mit dem Vater, dann mit dem Sohn. „Wir schreiben einen Bestseller!" – „Dieses Buch wird Weltklasse!"

Die Begeisterung des Firmengründers blieb während der ganzen Zusammenarbeit ansteckend, belebend, motivierend. Während Manuel Büsser für das Buchprojekt freie Samstage opferte, richtete sich der Vater die Termine zwischen einem Kurzurlaub in Mallorca, einer Velo-Tour und einer Töff-Reise ein. Seine Freiheit, so sagte Ernst Büsser bei verschiedenen Gelegenheiten bestens gelaunt, kann er in vollen Zügen geniessen, auch weil er weiss, dass er den besten Nachfolger hat.

Wenn man als *Ghostwriterin* für andere Menschen eine Biografie oder ein Sachbuch gestalten und schreiben darf, ist die Möglichkeit, in Lebensgeschichten einzutauchen und in Wissensgebiete vorzustossen, die einem sonst verschlossen bleiben würden, ein Abenteuer und eine Bereicherung. Ernst und Manuel nahmen mich mit auf eine Reise, bei der mein Horizont erweitert wurde und sich neuen Erkenntnisse festsetzten konnten. In fachlicher, vor allem aber auch in menschlicher Hinsicht. Dass die beiden in der fünfjährigen Übergabe-/Übernahme-Phase Diskrepanzen überwunden und die eigene Kritikfähigkeit unter Beweis gestellt hatten, das gegenseitige Vertrauen ungebrochen blieb und die Freundschaft noch enger wurde, kam unserem Projekt zugute. Vor allem aber auch die Fähigkeit, unterschiedliche Ansichten und Meinungen – die innerhalb des Buchprojektes immerhin für die Nachwelt verewigt wurden – zu respektieren. Gemeinsam ist man stark und sicher ist es auch so, wie Vater und Sohn sagen: Eine Beziehung – ob privat oder geschäftlich – wächst mit der Freude der beteiligten Menschen aneinander, vor allem aber auch mit den Hürden, die man zusammen überwindet.